錢路漫漫

香港近代財經市場見聞錄

鄭寶鴻 著

香港中和出版有限公司
www.hkopenpage.com

目錄

目錄

目錄

目錄

序章

香港近代經濟生活：從和平前後說起

MOTORS
S.S. JAGUAR
SUNBEAM-TALBOT

和平後，被押往集中營的日軍。

一九四一年十二月中，九龍尖沙咀彌敦道與中間道一帶（所在現為喜來登酒店旁）。當時九龍已淪陷，空中可見一汽球掛有「日軍保證商民安居樂業」的標語。圖片的右方正搭建工展會展場，但最終並沒有開幕。

約一九四二年的皇后像廣場。花崗石寶亭的「皇后（維多利亞女皇）像」已被日軍總督的「告諭」所取代，背後為已被改作「香港占領地總督部」的滙豐銀行大廈。

約一九四二年的中區昭和通（德輔道中），由畢打街向西望，左方為原怡和洋行的「中區區役所」，右方為郵政總局。

受降儀式的同盟國代表潘華國將軍（中）。

一九四五年九月十六日，海軍中將藤田類太郎代表日軍簽投降書。

一九四五年八月三十日，英艦進入港灣的情景，左部可見位於金馬倫山頂的「忠靈塔」。
該塔於一九四七年二月二十六日下午被炸平。

被稱為「兵頭（意指港督）花園」的香港動植物公園，一九五一年。左中部為同年落成的中國銀行大廈，其兩旁為日軍於淪陷時期在港督府內加建之東洋式塔狀樓宇。

China Fleet Club
Headquarters House
Murray Barrac
Detention Barrack
Peak Tram
Helena May Institute
Government House

和平後約一九四六年的中環銀行區（左下方）。滙豐銀行的左端依次為渣打、東方匯理、有利及荷蘭銀行。圖片右方為美利軍營、域多利軍營、威靈頓軍營及海軍船塢，所在現時分別為香港公園、太古廣場及力寶中心和海富中心等。

糧食與民生物品

淪陷後期的一九四五年中，軍票加速貶值、百物騰貴，糧食難求，不少茶樓酒家被改作賭場或舞場。另一邊廂，東華醫院和廣華醫院仍致力服務病人，更維持米糧供應。為籌募經費，兩院的總理、員工和屬下各校的學生，沿門勸捐，為渡時艱亦曾打算出售嘗產和藏畫。

當時的電力供應，只限於晚上八時至十二時這個時段。因不時停電，導致多區食水停止供應，或每兩天，甚至五天供水一次。因停電及燃油短缺，以致小輪、電車、纜車及巴士的班次大幅縮減，甚至不時停航或停駛。

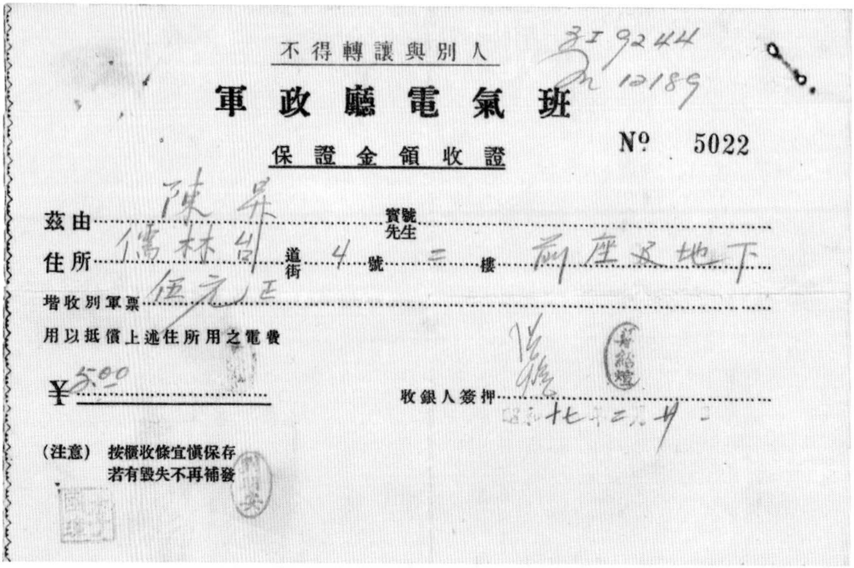
不得轉讓與別人

軍政廳電氣班

No. 5022

保證金領收證

茲由 陳杲 寶號先生

住所 儒林台 道街 4 號 二 樓 前座及地下

增收別軍票 伍元正

用以抵償上述住所用之電費

¥5.00

收銀人簽押

(注意) 按櫃收條宜慎保存
若有毀失不再補發

一九四二年二月，「軍政廳電氣班」（原「香港電燈」及「中華電力」）所發出的電費保證金單據。

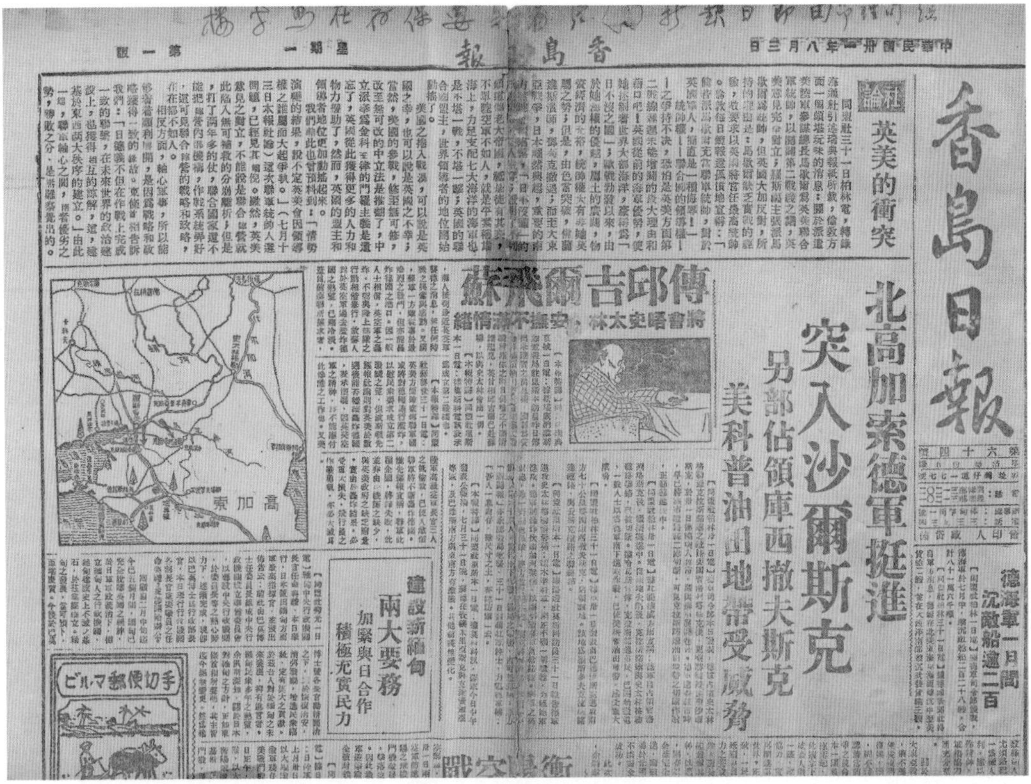
香島日報
中華民國卅一年八月三日
星期一
第一版
社論　英美的衝突
北高加索德軍挺進
突入沙爾斯克
另部佔領庫西撤夫斯克
美科普油田地帶受威脅
傳邱吉爾飛蘇
將會晤史太林　安撫不滿情緒
德海軍一月間沉敵船逾二百
兩大要務
加緊與日合作
積極充實民力

一九四二年，由《星島日報》變身的《香島日報》，當時每份售價為軍票五錢。
一九四五年九月一日，報紙的售價仍照淪陷時期為軍票五元。

一九四一年十二月七日，在日軍發動進侵香港的一天前，港府嚴格統制糧食，並打算發出「購糧憑證」，規定購買數量和銷售價格，以備萬一戰事發生時，難以維持市民的糧食供應。怎料，措施未及推出，一天後戰事便在九龍發生了。

淪陷時期，日軍當局實行憑證購物措施，提供包括米、油、糖、柴、炭以至火柴等日常用品，讓市民輪購，但價格仍然不受控制地不斷上漲。後來制度取消，物價更是加速飛升。

一九四二年一月《寫真週報》的香港市面圖片。左方為威靈頓街與吉士笠街（當時普稱為「紅毛嬌街」）交界一一二號的萬國飯店，其西端一二〇號為配糖站的永和雜貨店。

永和雜貨店，攝於二〇〇六年，此古老建築物現仍「健在」。

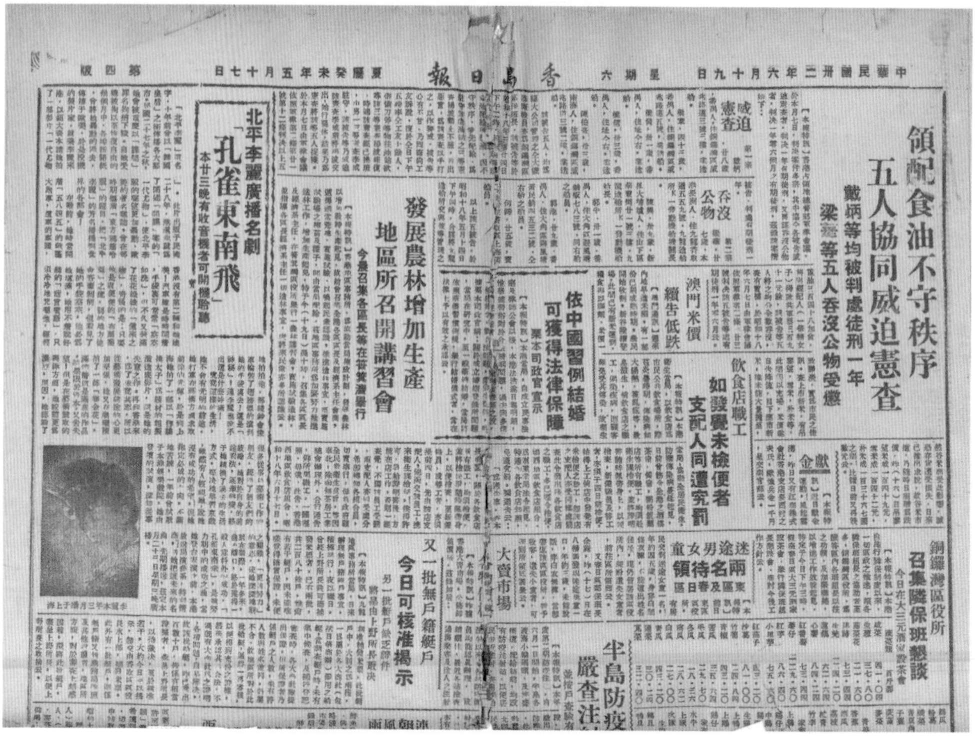

一九四三年的《香島日報》，刊登「軍律會議」（法庭），判處五人因領取配給食油時，不守秩序而被判監一年的新聞。

日軍投降日的英文《香港日報》，當中亦有提及原子彈。

一九四五年八月十一日，米價及雜糧價格飛漲，每斤白米的價格為軍票二百五十元（伸算為港幣一千元）。八月十三日，再漲至三百元。

八月十五日，日軍宣告投降。翌日，白米價格由軍票三百元、一百四十元，一直狂瀉至六十元，為三年多來僅見。八月十七日，跌至三十多元，十天後，再跌至十八元。

八月十七日，日軍當局宣稱，「香港占領地總督部」在接到指示之前，仍執行原有職務，決心對香港治安、交通工具、重要設施，以及對民生有影響的建設，以「最圓滿」的方式交代。

八月十七日，一家由牛奶公司與連卡佛百貨公司合營的「大利連 Dairy Lane」超級市場在雪廠街成立，製造麵包供應予從赤柱及各俘虜營釋出的外國人。該超級市

屎唔臭都會食

當時在港生活的父母親形容，市民飢餓至「屎唔臭都會食」的程度。母親憶述曾在威靈頓街一一二號的萬國飯店購糕一件，旋即被一相熟的街坊搶去，並立即吞食，實在奈何不得。

據父母憶述，當時有不少人餓死於街頭，部分肌肉旋即被人割去。而報章上亦曾出現若干宗「將屍體拖入家中煮食」者被捕的新聞。

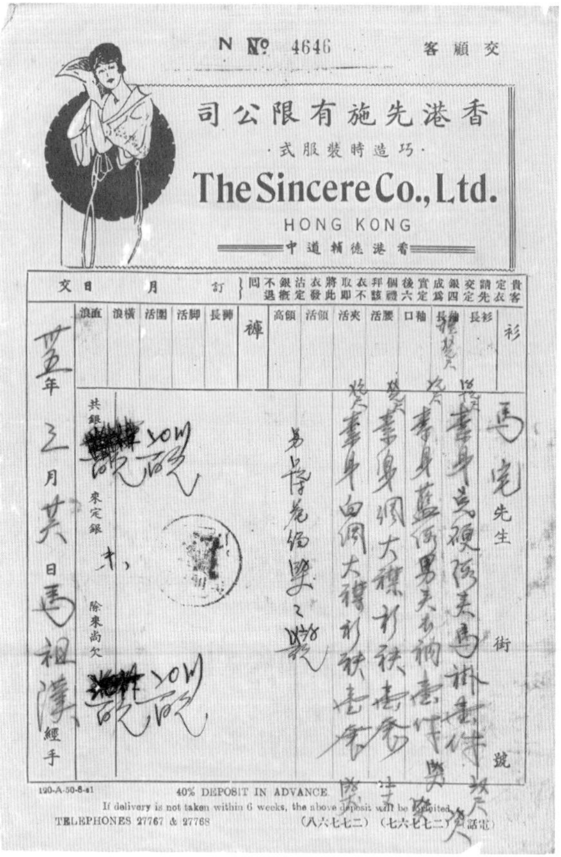
N №. 4646 交顧客

香港先施有限公司

巧造時裝服式

The Sincere Co., Ltd.

HONG KONG

香港德輔道中

120-A-50-8-41

40% DEPOSIT IN ADVANCE

If delivery is not taken within 6 weeks, the above deposit will be forfeited.

TELEPHONES 27767 & 27768 電話（二七七六七）（二七七六八）

先施公司的服裝發票，一九四六年。當時的高檔唐裝馬褂、長夾衲、大襟衫褲等共四套，連工包料為六百零三元。先施公司於一九〇〇年在皇后大道中一七二號開業，戰後初期的顧客是達官貴人及紳商。

場稍後遷往德輔道中東亞銀行左鄰的皇室行。

八月二十二日，日軍當局仍發行一種印刷色為深橙紅的百元軍票，但於九月初英軍接管香港後，旋即從廣東珠江下游一帶採辦米糧到港，並發出購米證予居民，憑證購米，每斤港幣二毫，軍票不予接受。稍後，上、中、下價白米，分別售三毫半、二毫半及二毫。

九月十六日，因恢復港幣本位，部分商店亦相繼復業。可是，大部分商店因物值與幣值動盪不已，仍然停止營業，當中包括先施、永安、大新和中華等四大百貨公司。到了九月二十四日，才全面復業。

九月二十一日，九龍至羅湖的火車恢復服務，鑒於市民的經濟狀況，實行免收車資，但每日只限載客二百五十人，乘客須攜有物品或農產品才可登車，這樣可使市區和新界兩地物資得以交流，充裕本港的糧食。

九月二十二日，因軍票不值錢，大部分市民不名一文，於是政府委託東華醫院，負責施飯救濟饑民。又在東華東院、廣華醫院及荃灣設施飯站。

九月二十六日，港府公佈油、鹽、糖及麵粉的公價，違例者將被嚴懲。

一九四五年八月，香港人口由一百五十多萬減至五十餘萬。之前，日軍當局因物資不足，大力實施「強制歸鄉」政策，將大批市民遣返內地，或將其拘押上船，待駛離海港後，將其「斬纜」，任其飄流、自生自滅，有時日軍甚至將其擊沉。

經濟飯店大肉飯

當時，有若干家遍設於港九的「經濟飯店」，供應每碗售二毫的「大肉飯」（每一碗飯鋪有一片澆上滷水汁的肥豬肉）。記得於一九五〇年代初，父親曾帶我往飲茶時品嚐過，該經濟飯店位於上環荷李活道大笪地。

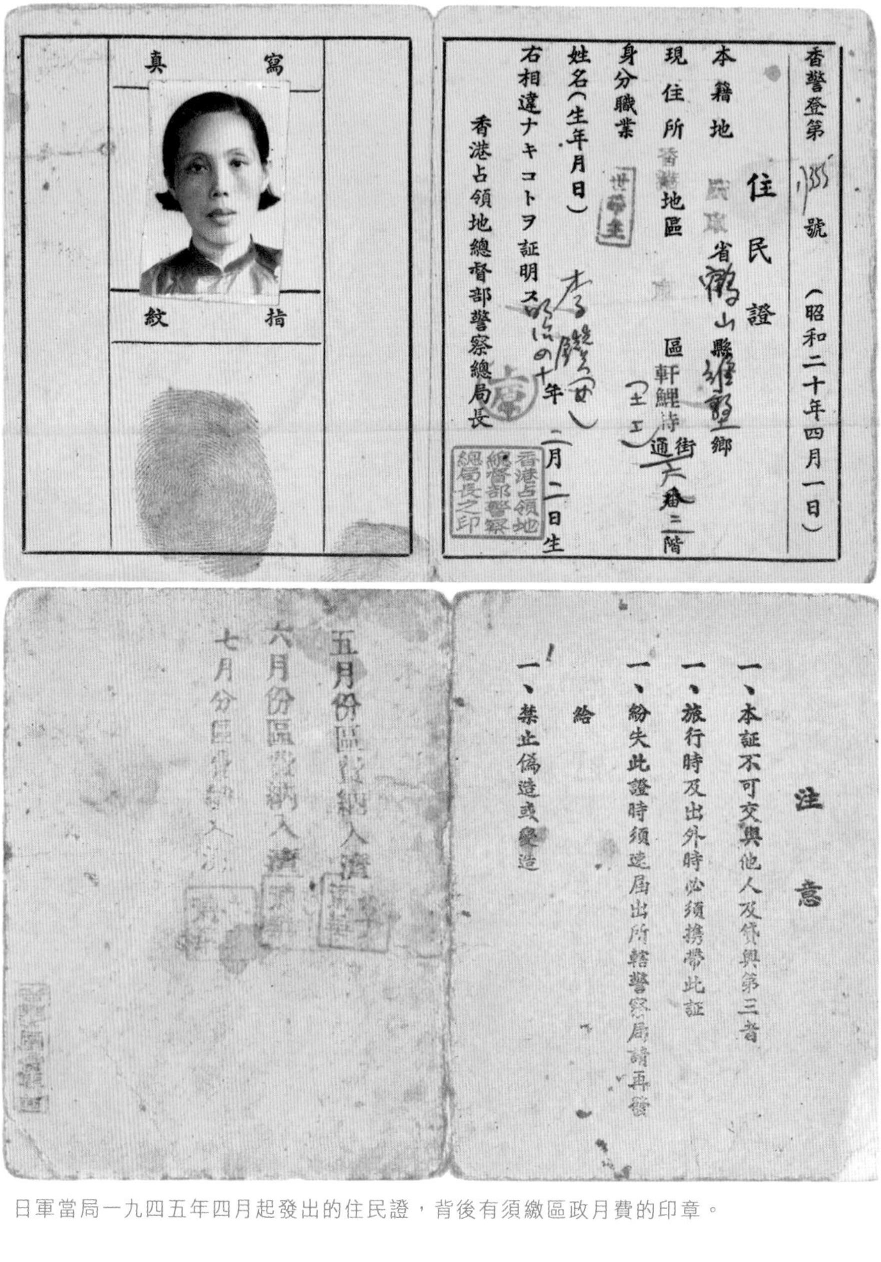

日軍當局一九四五年四月起發出的住民證，背後有須繳區政月費的印章。

一九四六年五月一日，香港政府由軍政恢復為民政，管治方式及法律一如戰前，市民的生活亦復趨正常。

淪陷期間，漁民所捕之魚獲，要全交予當局之「帆船漁業組合」代為售出。期間，組合抽取多重佣金，又被重重剝削，漁民所得甚少。和平後，雖然香港政府亦實行此種統營政策，但是運作方式與淪陷期間有了很大的分別。漁民的收入有所增加，購貨者亦不用爭先恐後。

和平後，港英政府亦實施憑證購米及部分食物的措施。一九四六年四月，配米人數已達九十五萬。當局又規定若干種食品、用品以至衣物的公價。期間曾有商號用高於「公價」的價格出售包括麥片等食品，因而被判罰款。

一九四八年，「勒吐精」（力多精）奶粉，每磅的「公價」為三元，而「黑市價」則為九元，煉奶的黑市價為每罐售八十仙至一元。和平後出現的品牌有「壽星公」、「鷹嘜」及「四牛」煉奶。

一九五〇年二月十一日開始為配米期，於十日期間，每戶每日可獲配舊暹羅米四斤八兩，每斤售六十仙。在過去的三年多，為免「食貴米」，市民須多次換領被稱為「米證」的新購物證。三月，當局發出七十萬份新購物證，每戶一份，獲通知指示者要向指定米店領證和採購。

同年，香港實施市民要領身份證的人事登記條例。到了一九五三年，工商署宣佈，領有身份證的市民，才可申領新購物證。新購物證於一九五三年八月起生效。當時的中等公價米配售價為每斤五十六仙，上等米則為八十仙。市民亦可用四十仙一

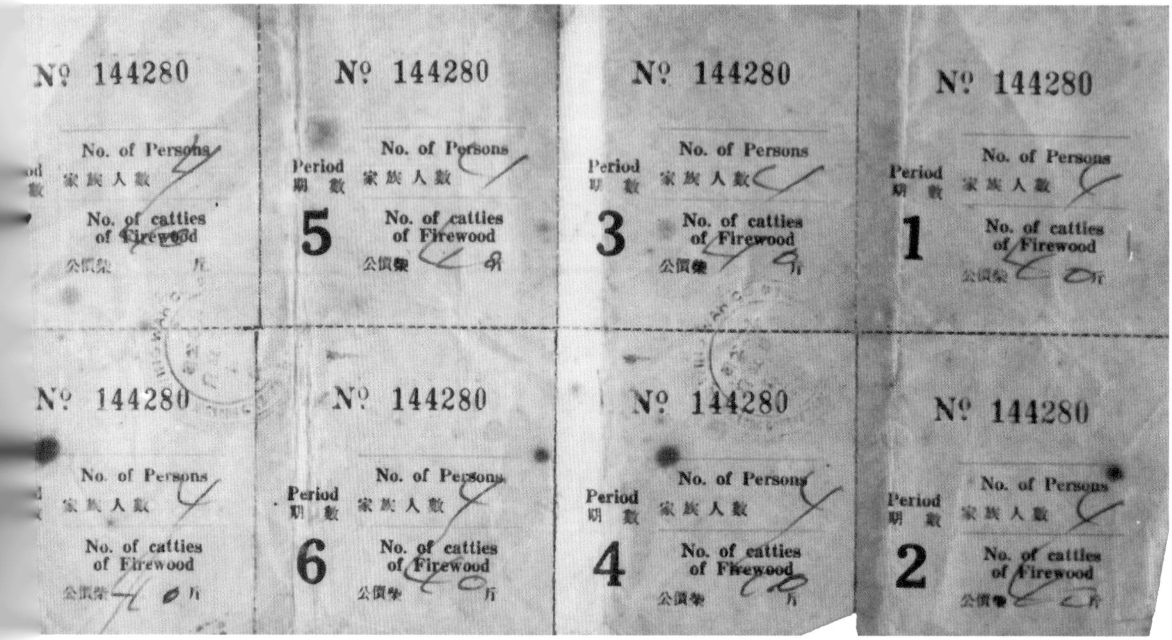

和平後，配售公價柴的「配給證」，每一期（約為十天），一家四口可獲配柴八十斤。

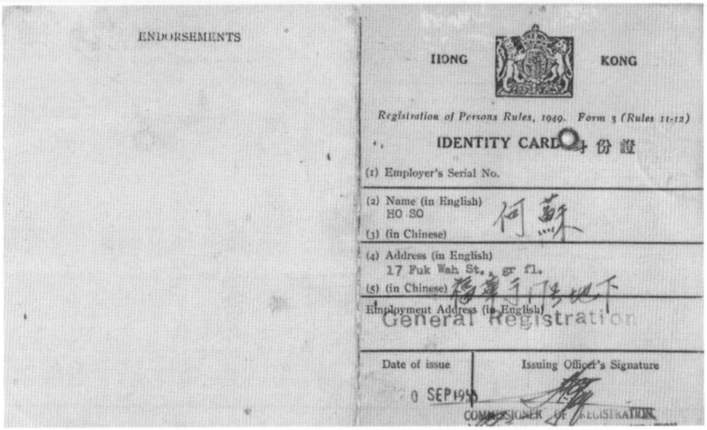

ENDORSEMENTS

HONG KONG

Registration of Persons Rules, 1949. Form 3 (Rules 11-12)

IDENTITY CARD 身份證

(1) Employer's Serial No.

(2) Name (in English)
HO SO

(3) (in Chinese) 何蘇

(4) Address (in English)
17 Fuk Wah St., gr fl.

(5) (in Chinese)

Employment Address (in English)

General Registration

Date of issue | Issuing Officer's Signature

20 SEP 1950

COMMISSIONER OF REGISTRATION

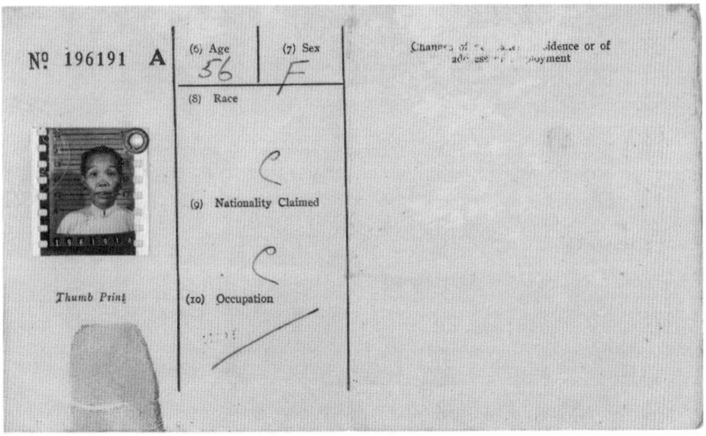

№ 196191 A

(6) Age 56

(7) Sex F

(8) Race C

(9) Nationality Claimed C

(10) Occupation

Thumb Print

Changes of ... residence or of address of employment

由一九五〇年起，市民須領取身份證，圖為一位女士的身份證。

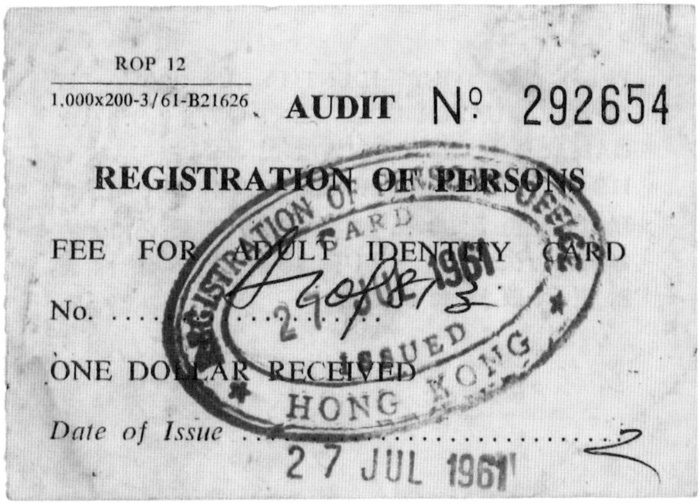

ROP 12

1,000x200-3/61-B21626

AUDIT № 292654

REGISTRATION OF PERSONS

FEE FOR ADULT IDENTITY CARD

No. ....

ONE DOLLAR RECEIVED

Date of Issue ....

27 JUL 1961

申領成人身份證的收據，一九六一年。當年的費用為一元。

磅的價格，購買太古砂糖一磅半。同時，持有牛油配給證者，可用四十仙一磅的價格，領配牛奶一磅半。

一九五四年一月七日起，取消食糖與牛油的配給制。十天後，港府宣佈放寬白米入口限制，米價隨即下跌。當年的香港人口共為二百四十五萬。三月，當局再發出新購物證，申請地點，為港島德輔道西五號（天發酒家東鄰）之「政府穀米批發處」，以及九龍尖沙咀現重慶大廈所在的「重慶市場」，合共發出新米證（購物證）五十五萬份。

一九五四年七月二十五日，為最後一次配米，當時的中價米為每斤五十至六十仙，較配售價為廉，因此憑證配米者不多。八月，自和平後起實施已九年的配米制，宣告結束，當局呼籲市民珍存購物證以備萬一。不過，俟後並無任何用途，漸淪為廢紙。而我家裏的米證到了一九五〇年代末才「失蹤」。

一九五五年起，白米的供應，由原來的十六家入口米商增加至由二十九家米商負責，供應量一直充裕，將由戰前起一直困擾港人之「食貴米」的憂慮，一掃而空。

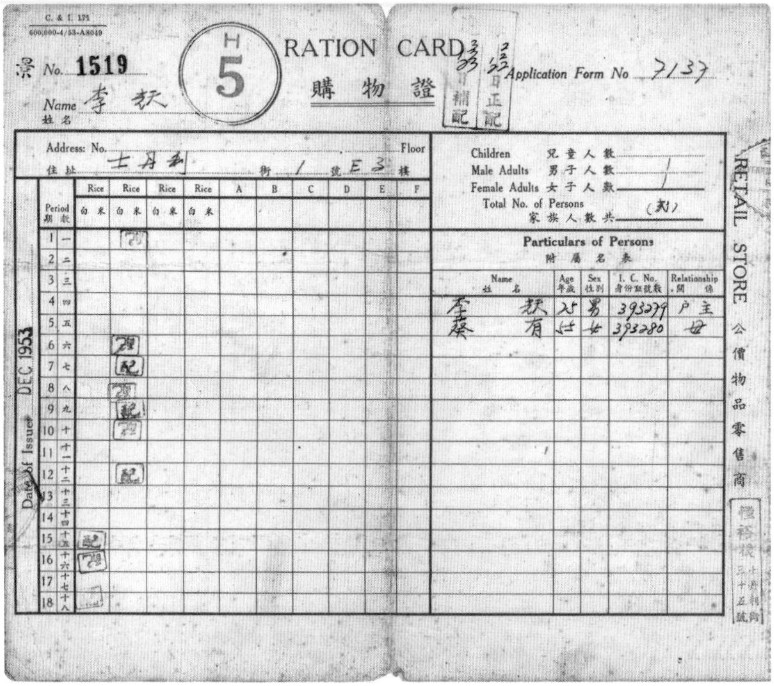
C. & I. 171
600,000-4/53-A8049
RATION CARD 購物證
H 5
景 No. 1519
Application Form No 7137
Name 姓名 李 杖
Address: No. 住址 士丹利 街 1 號 E3 樓 Floor
Children 兒童人數
Male Adults 男子人數 1
Female Adults 女子人數 1
Total No. of Persons 家族人數共 (貳)
Particulars of Persons 附屬名表

Name 姓名	Age 年歲	Sex 性別	I. C. No. 身份証號數	Relationship 關係
李 杖	35	男	393279	戶主
蔡 有	廿	女	393280	母

Date of Issue DEC 1953
RETAIL STORE 公價物品零售商
恒裕棧

發出於一九五三年，以配售公價米為主的購物證。米店為士丹利街三十五號的恒裕棧。記得家裏亦藏有一張，後來則不知所蹤。

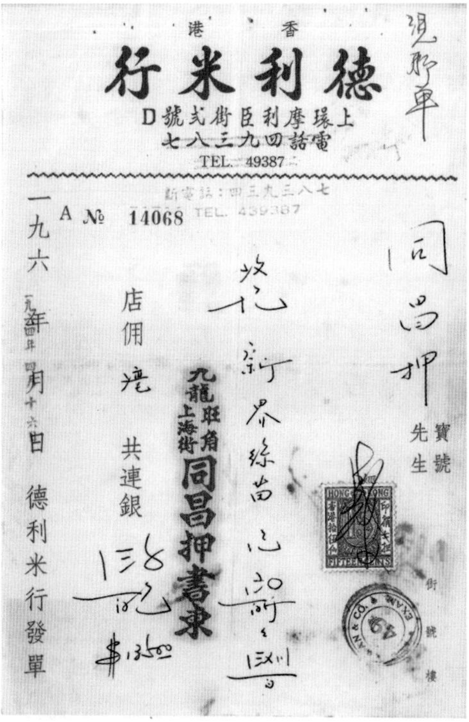
香港
德利米行
上環摩利臣街弍號D
電話四九三八七
TEL. 49387
A № 14068
一九六四年四月十六日
同昌押 寶號 先生
店佣
共連銀
德利米行發單
九龍旺角上海街同昌押書柬

一間上環米行的發單，一九六四年。當時的新界絲苗米，每「藍線包」裝載一百七十斤，共銀一百三十四元三毫，伸算每斤為七毫九仙。

當時，有不少店舖，皆僱用一稱為「伙頭」的廚師，以烹製全舖人員的伙食，有不少是剋扣伙食費用以自肥者，被稱為「忽必烈」（元世祖），意指其吞金（國）滅宋（餸），又被稱為「打斧頭」。一九五三年，美軍艦——「新澤西」號因「食水太深」而不能駛入維港而泊於將軍澳。於是，及後人們便將「新澤西」引申應用來形容別人「吞金滅餸」。

警察宿舍（現「PMQ」）旁的一段士丹頓街，有十多座大牌檔，出售粥粉麵飯及甜品。於一九五〇年代後期，在上學前花一、二毫便可享受一頓早餐，記得當時一毫子便可嚐到八條蝦米腸粉，白粥每碗只售五仙。鬆糕、油炸鬼亦售五仙。

一九五三年八月二十六日，泊於將軍澳的「新澤西」艦，被多艘接載參觀客的船艇包圍。

位於灣仔史釗域道，提供廉價食品予普羅市民的大牌檔，約一九五八年。「踎大牌檔」進食的除男客外，還有一衣「白衫黑褲」的「媽姐」（女傭）。在下亦多時在大牌檔進食魚蛋粉、糖水、油炸鬼、白粥及雲吞麵等地道食品。

軍政府總督夏愨中將。

戰後香港發展中的重要人物

一九四五年八月十五日中午十二時，日軍正式宣佈投降。「兩華會」主席的周壽臣及羅旭和，與日軍商討治安問題，在英軍未到的過渡期間，日軍仍然管治香港。

兩華會為以周壽臣爵士為主席的「華民各界協議會」，以及以羅旭和為主席的「華民代表會」，作為日軍當局施政的「協力」及「諮詢」機構。

八月二十四日，被拘囚於赤柱「香港軍抑留所」的輔政司詹遜獲釋，着手籌組臨時政府。於二十八日在香港電台廣播，述及英軍即將抵港，恢復英國對香港的統治。

九月一日，軍政府的總督由英軍總司令夏慤擔任，副總督則為詹遜。

九月五日，為順利推行政務起見，設軍政委員會，夏慤總督任委員長。

香港總督楊慕琦，以及馬來亞和北婆羅洲總督，均已從瀋陽俘虜營釋出，飛往重慶。楊氏於一九四一年九月抵港就任港督，於同年十二月二十五日黃昏，在半島酒店，向日軍投降。楊氏曾被囚禁於台灣，於一九四六年五月一日復任港督。

九月二十七日，港府的前華民政務司那魯麟指出，在香港剛淪陷時，偕同包括防務主任傅端及律政司魏伯達爵士，接觸羅旭和及周壽臣兩位爵士，望他們能與日軍周旋，以減少港人的痛苦。兩位爵士後來就任日軍控制的「兩華會」主席，受盡日軍的壓迫，港人的冷辱，那魯麟呼籲港人了解兩位的苦衷，停止諸多誹謗與責難。

一九五三年六月，女皇加冕慶典期間的皇后廣場及滙豐銀行，由即將拆卸之皇后碼頭拱形出口遠望。加冕盛會的晚上我們舉家在皇后像廣場觀看，見到璀璨的燈光和輝煌裝飾，驚奇不已。

通訊娛樂

郵政

英軍重回香港後的一九四五年九月一日，港島郵政總局及尖沙咀郵政局重開，三日後恢復派信服務。為方便赤柱拘留所及深水埗俘虜營的釋出人士，郵務司特准全港人士免費郵遞，由九月五日起至二十七日止。

九月二十八日，郵局正式恢復辦公，由是日起寄信須貼郵票。不過，所有郵政分局及街上郵筒仍未重開，市民只能往上述港九兩間郵局寄信。而且，售賣郵票的時間只限於上午十時至下午三時。當時，有很多人寄信往世界各地向親友問訊，導致大量市民排長龍購買郵票。

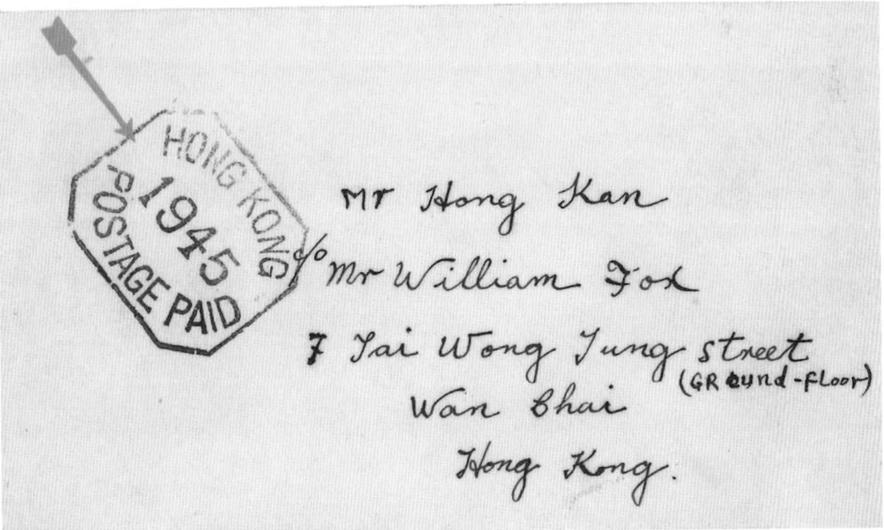

一九四五年九月五日起至九月二十七日止，郵務司特准免費郵寄，但只限於寄往上中環及灣仔地區，以及九龍的油麻地和尖沙咀，還有各俘虜營。信件及明信片不能超過二安士。

德輔道中（前）、遮打道（右中）與畢打街（上）交界，約一九四八年。可見位於「於仁行」的「有綫及無綫公司（大東電報局）」的辦事處，兩部巴士之間可見干諾公爵像的石座。銅像於淪陷時期被運往日本，未能尋回。左上方的郵政總局現為環球大廈。

約一九五〇年的尖沙咀火車站和梳士巴利道上的青年會和半島酒店。左方為郵政局及消防局；右方的訊號山下曾舉辦過多屆工展會，父母曾帶我往參觀，印象深刻。半島酒店仍漆有戰時的迷彩。

工展會內鱷魚恤攤位的工展小姐，約一九六四年。

在新填地愛丁堡廣場舉辦的「第十三屆香港華資工業出品展覽會」，一九五五年。會場於一九六二年建成大會堂，大門樓所在為高座。

電話

日治期間的一九四五年七月，有一奇怪現象，當時市民正處於水深火熱的境地，但是電話仍供不應求。經營電話的「國際電氣通信株式會社」，於七月十日公佈，電話費不論遠近，每年收費軍票一萬二千元，分四季繳交，雖然昂貴，仍有大量營商者申請。

很久以前，若干位經營黃金及珠寶業務的長者告訴我，淪陷後期的一九四五年中，因軍票貶值加速，上述行業亟需電話服務，便於同業之間互相查詢及通報行情，以獲知物品，尤其是黃金的上落價位，免遭損失。

和平後，香港處於軍政時期，由於電話屬於軍事設施，電話公司暫時改名為「香港電話管理局」。

一九四五年十月十六日，電話收費為每月港幣十五元，另百分之五附加費。而戰前則為年費一百一十七元及百分之五附加費，即和平後加價升幅約百分之五十。

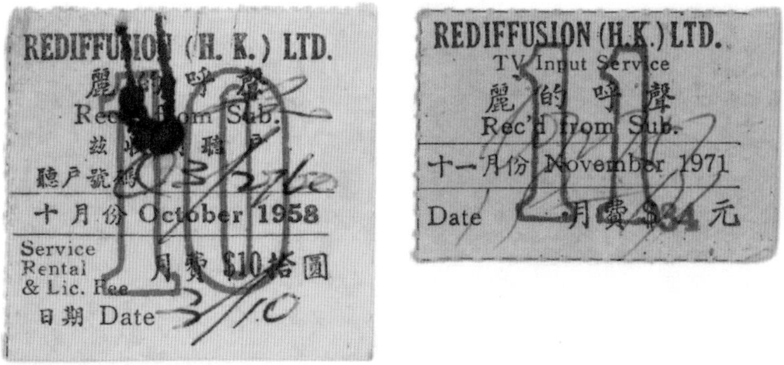

麗的呼聲的月費收據：（左）一九五〇年代有線廣播（電台）及（右）一九七〇年代麗的映聲（電視）。

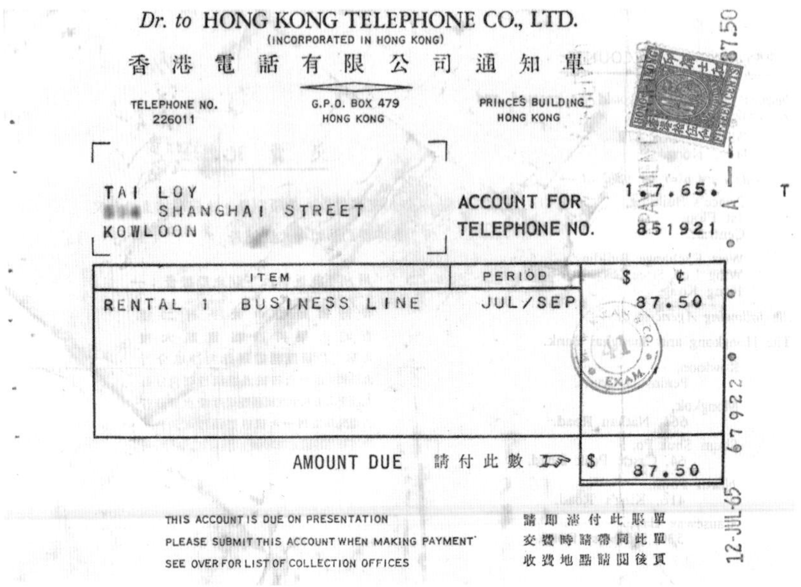
Dr. to HONG KONG TELEPHONE CO., LTD.
(INCORPORATED IN HONG KONG)
香港電話有限公司通知單

TELEPHONE NO. 226011 | G.P.O. BOX 479 HONG KONG | PRINCES BUILDING HONG KONG

TAI LOY
[redacted] SHANGHAI STREET
KOWLOON

ACCOUNT FOR 1.7.65.
TELEPHONE NO. 851921

ITEM	PERIOD	$ ¢
RENTAL 1 BUSINESS LINE	JUL/SEP	87.50

AMOUNT DUE 請付此數 $ 87.50

THIS ACCOUNT IS DUE ON PRESENTATION 請即清付此賬單
PLEASE SUBMIT THIS ACCOUNT WHEN MAKING PAYMENT 交費時請帶同此單
SEE OVER FOR LIST OF COLLECTION OFFICES 收費地點請閱後頁

12-JUL-65 67922 A — 87.50

電話公司繳費單，一九六五年七月。當年的電話費為每季八十七元五毫，申請電話變得容易，不需付「黑錢」了。

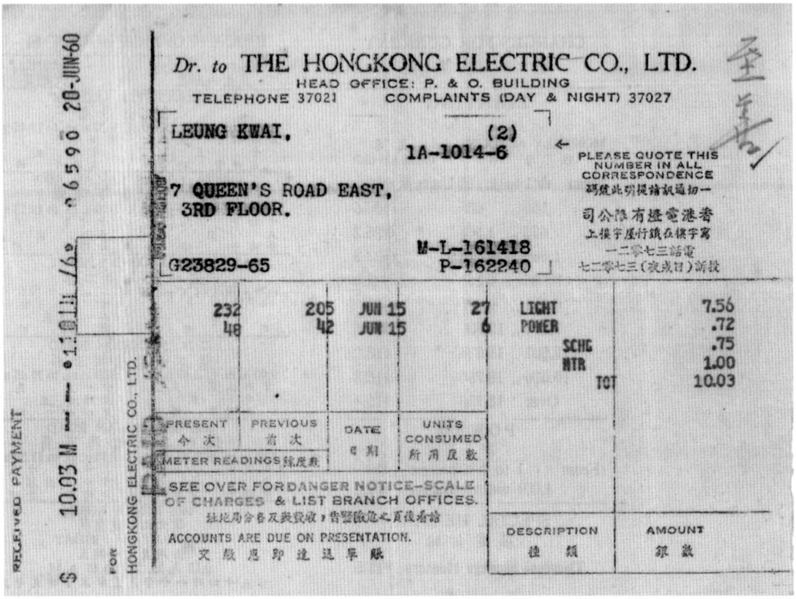
Dr. to THE HONGKONG ELECTRIC CO., LTD.
HEAD OFFICE: P. & O. BUILDING
TELEPHONE 37021 COMPLAINTS (DAY & NIGHT) 37027

LEUNG KWAI, (2)
1A-1014-6
7 QUEEN'S ROAD EAST,
3RD FLOOR.
G23829-65
M-L-161418
P-162240

PLEASE QUOTE THIS NUMBER IN ALL CORRESPONDENCE
一切通訊請提明此號碼
香港電燈有限公司

PRESENT 今次	PREVIOUS 前次	DATE 日期	UNITS CONSUMED 所用度數	DESCRIPTION 種類	AMOUNT 銀數
232	205	JUN 15	27	LIGHT	7.56
48	42	JUN 15	6	POWER	.72
				SCHG	.75
				MTR	1.00
				TOT	10.03

METER READINGS 錶度數
SEE OVER FOR DANGER NOTICE–SCALE OF CHARGES & LIST BRANCH OFFICES.
ACCOUNTS ARE DUE ON PRESENTATION.

FOR HONGKONG ELECTRIC CO., LTD.
RECEIVED PAYMENT $ 10.03 M — — 11.01 H /60
26590 20-JUN-60

香港電燈有限公司的電費單，一九六〇年。當時的電費分有幼電 LIGHT，及粗電 POWER，粗電較幼電為廉宜。稍後，粗電的收費被取消。

電影

淪陷期間，所有西片均禁止公映，最後被扣留沒收。據美高梅公司負責人所述，日人常將此等影片私自放映自娛。

日軍投降後，該等西片已被各公司取回，大部分皆未遭破壞，於九月二十日起，陸續在皇后及娛樂戲院放映，但每日只放映一至兩場，包括有：《亂世佳人》、《魂斷藍橋》、《舞曲大王》及《昔飛路美女》等。稍後，該等影片亦開始在其他戲院放映。

日據三年零八個月期間，皇后戲院被改名為「明治劇場」，而娛樂戲院則不時被日人之「大和會」，用作招待日軍等觀看日本電影。太平戲院曾被改作收容（實際是拘留）被遣歸內地（歸鄉）人士的「宿泊所」。上環的中央戲院及高陞戲院曾改作賭場及字花賭場。

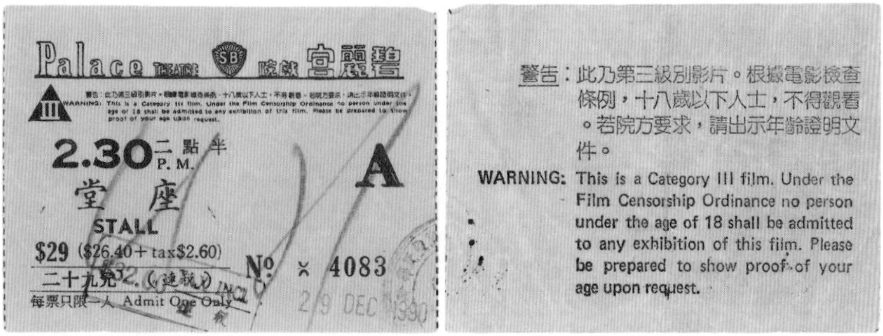

銅鑼灣世界貿易中心碧麗宮戲院的戲票，一九九〇年。當年的票價已升至三十二元。

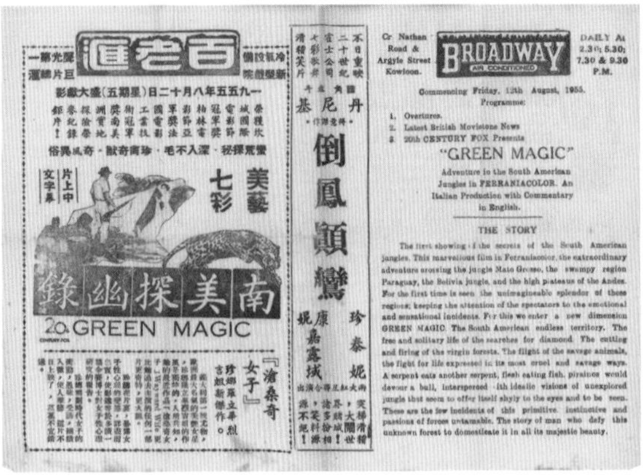

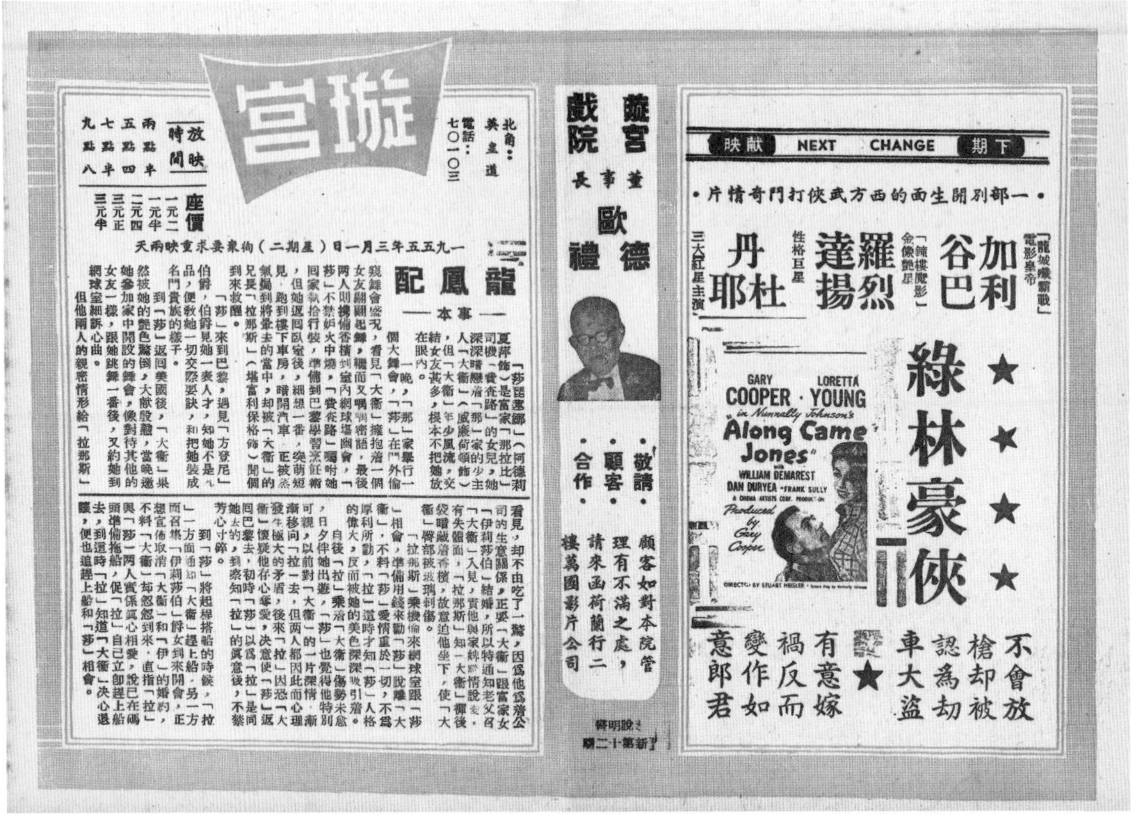

彌敦道與亞皆老街交界，百老滙戲院（所在現為滙豐銀行）所派發，介紹電影劇情的「戲橋」，一九五五年。「不日上影」之「預告片」《滄桑奇女子》的女主角 GINA LOLLOBRIGIDA，為五、六十年代的著名意大利紅星，其中文譯名稍後為「珍娜羅露烈吉妲」，報章亦曾譯作「搞笑」的「真囉裸露布裂肌袒」，及「雞蛋」。

銅鑼灣利舞臺戲院的「戲橋」，一九七〇年。當時，此一流西片戲院的票價是由一元七毫至四元二毫。戲橋亦刊登附近的利園停車場，泊車費為每小時八毫。

一九五五年，北角英皇道璇宮戲院（三年後易名為「皇都」）的「戲橋」，當時為一流的首輪影院，其票價是由一元二毫至三元五毫。因其於一九六〇年代設有較廉宜的「中座」，我不時前往看西片。

位於銅鑼灣怡和街與邊寧頓街交界，落成於一九五四年的豪華戲院，約攝於一九五六年。戲院吸引了不少年輕人士，右方有香港首家茶餐廳，迎合未入場的情侶。這裏現在有著名食肆鼎泰豐。

交通

日治期間，無論乘搭電車或巴士，均需在總站或各分站的售票處先購票才可登車。

和平後之九月二十二日，陸上運輸統制官佐治威上校宣佈，巴士之全程收費，最低為港幣二毫。

當時，港島只有一輛巴士，即行走統一碼頭至跑馬地的一號路線。到了十月三日才多增一輛，即共二輛。

一九四五年十月十四日，共有十五輛電車恢復行駛，車費為樓上頭等一毫半，樓下三等八仙。稍後，分別增至二毫和一毫。

約一九四八年的佐敦道碼頭及巴士總站。多條往新界的巴士路線亦集中於這裏。

約一九四八年的德輔道中。右方為中央市場（中環街市），左方為消防局。交通工具仍然不足，馬路上可見若干輛載客的三輪單車。

PHILCO

約一九五一年的九龍城。右方是宋王臺遺址，正中巴士站旁是太子道與城南道間的西南木園（後來的西南酒家所在），啟德機場開始步向繁忙。

約一九五〇年攝於淺水灣巴士站前的泳客。左方的英俊男士為提供此照片的梁紹桔先生。和平後，淺水灣為熱門的游泳地點。當時的 6 號及 6A 號巴士站前，不時有一長長的人龍。前方的籐籃多被用作學童的「書籃」。

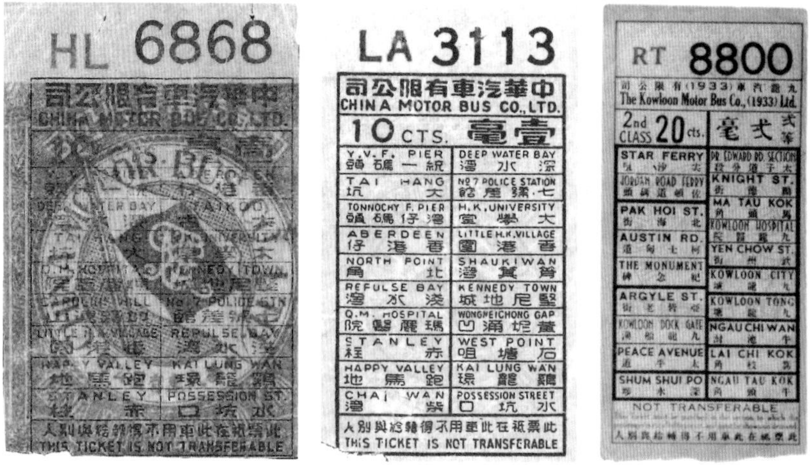

一九六〇年代，港島中華汽車（中巴）的一毫半價車票及九龍汽車公司（九巴）的二毫二等車票，票上仍有香港圍、雞籠灣及水坑口的古舊名稱。

由一九六九年起，中華汽車公司實施「上車投入車資」，由司機一人控制的巴士，取消售票員。該等巴士是貼有圖中可見的「入錢」標誌者。

一九四五年七月二十三日，日軍當局將巴士車費調升百分之五十，新票價為：

銅鑼灣至畢打街（港島唯一的巴士路線）	軍票十五元
尖沙咀至九龍城（窩打老道）	軍票十五元
旺角至荃灣	軍票一百二十元
荃灣至元朗	軍票二百四十元

花園道的登山電車（纜車）總站，約一九四八年。此落成於一九三〇年代的車站，曾於一九七〇年代初及一九九〇年代中兩度重建。右方有木窗框的政府樓宇，於一九五一年拆卸建成政府合署東座，於一九五四年落成。

一九六〇至七〇年代的纜車車票，左方的一張是工人的短程半價車票。

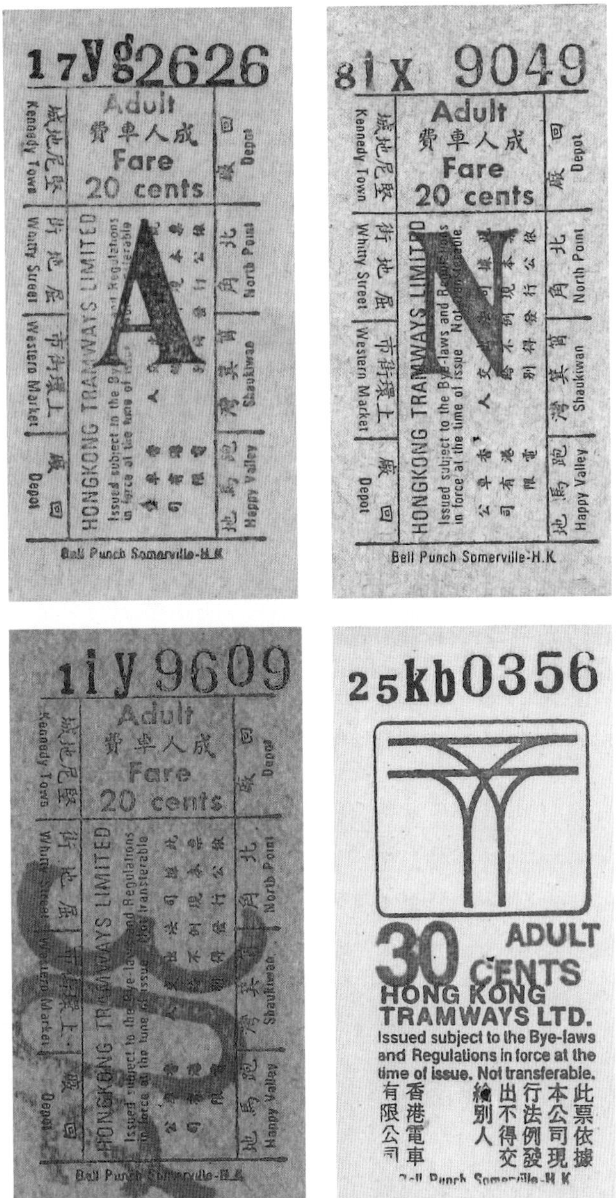

一九七二年的電車成人車票。當年的車費由二毫調升至三毫。

一九四五年三月起，由日軍「總督部」經營的往來中環至尖沙咀的小輪，交予油蔴地小輪船公司經辦。該公司亦經辦中環先經旺角再至深水埗的小輪航線。到了六月一日則取消了深水埗線。

和平後的八月十七日，新界小輪，如常啟航，每兩天開一次。

九月十四日，由於輔幣尚未完全正式流通，渡海線各小輪，由十四至十七日共四天，免費乘搭。到了十八日，輔幣流通，各港內線收費五仙。稍後改為：頭等二毫、三等一毫。

拍拖帆船

淪陷時期，油蔴地小輪船公司往新界青山（屯門）及大澳的航線，則「拍拖」附帶帆船四艘。此乃「拍拖」（男女拖手漫步）一詞的起源。

一九五三年六月，慶祝女皇加冕期間的中環統一碼頭。鐘樓下方為過海汽車量重磅，其右方為巴士總站。

一九五五年，中環統一碼頭及消防局（現恒生銀行），可見一艘剛離開碼頭的汽車渡輪「民富」號。這種於一九五〇年代初下水的渡輪，現時已改裝為海上夜總會。

從愛丁堡廣場，剛落成的大會堂前，望天星碼頭及小輪「日星」號，一九六二年。

一九四五年六月一日起，往九龍的船費如下：

往尖沙咀船費：	
頭等一軍票十五元	三等一軍票六元
往旺角線船費：	
頭等一軍票二十一元	三等一軍票九元

約一九四九年的尖沙咀九龍倉及其五座稱為「橋」的碼頭。位於最上端的一座於一九六六年改建為海運大廈。半島酒店的外牆仍有戰時的迷彩圖樣。左下方為九龍海軍船塢，俗稱「水師船塢」。（圖片由吳貴龍先生提供）

土地樓房

一九四〇年代

和平後，為人津津樂道的一次土地拍賣，為一九四七年四月十四日，中國銀行以每平方呎二百五十一元的高價，於拍賣場中投得銀行區、滙豐銀行東鄰的舊大會堂部分地段。當年，淺水灣的地皮價格為每呎約二元，山頂則為三至六元。

一九四五年八月底起，近百萬遭日軍迫令「歸鄉」的市民，陸續回港，當中有不少人所居住的樓宇已遭日軍當局沒收。

經歷戰亂，很多樓宇皆遭受戰火、盜拆等的破壞，導致住屋嚴重短缺。當時，不止房租貴，而且沒法找。若找到，除屋租或房租外，更需付出一筆「頂手費」（轉讓費）「鞋金」（佣金）。一九四六至一九四七年間，部分木結構唐樓的頂手費及鞋金，以每層計，分別為二、三百元至一千元，以當時普羅工人的收入每月約三十元來說，是十分昂貴的。

一九四七年六月，當局嚴禁索取樓宇頂手費，但收效不大，此種「私相授受」的交易行為一直維持至一九六〇年代。

上環唐樓內，一「板間房」的情況，一九七七年。上、下格鐵床連同地下，一般可容六至七人睡眠。當年的月租約為港幣一百五十元。

東華醫院嘗產的樓宇，則較為廉宜。手頭上有兩張該院於太平山街及普仁街的租單，一九四六年每層的月租只為三十六元及四十元。

同時，位於太平山區附近，以「卅間」（士丹頓街）為中心點，包括鴨巴甸街、城隍街、必列啫士街及永利街等多條街道上的多座唐樓，因戰亂及日久失修等，殘破不堪至成為「卅間廢墟」。

各殘屋業主要求當局貸款協助重建。一九五〇年，政府以每呎十五至二十元之價格，收回部分地皮以興建必列啫士街街市，以及華興里公廁，大部分地段則建成四層高唐樓供租售，一九五〇年代初，每層的售價伸算約五至七千元，租值則約七十至一百元不等。

這些樓宇除住宅外，還有不少被用作「山寨」工場，所經營的包括成衣、手套以至絲絹及木製工藝品等。母親亦間中領取一些「外發」的手套，回家加工以幫補家計。此外，這一帶還有多家珠鑽首飾和銀器工場。

居於唐樓上、下格床位的「籠民」，約一九八〇年。其鐵籠裝置是用作保護財物。當時月租約港幣七、八十元。

包租婆的生意之道

不計頂手費，一般位於中、上環，戰前唐樓的「大租」，於一九四六年時每層計約為五至六十元，包租人（以「包租婆」的形象較為鮮明）將其「間」為四、五個房間及兩、三張床位。包租人一家居於光線較充足和空氣清新的向街「騎樓房」或「頭房」，其餘的中間房、尾房及床位則出租，房間及床位的月租分別約為十多元和八、九元。包租人除可「賺到住」之外，亦有約二、三十元的盈利，是十分划算的。

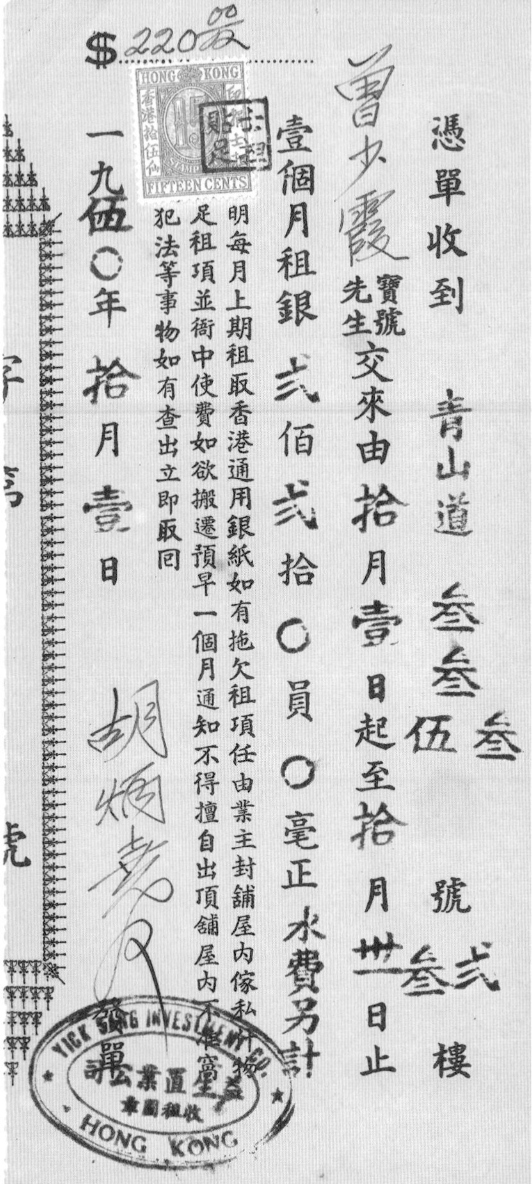
$220.00

HONG KONG 香港拾伍仙 FIFTEEN CENTS

憑單收到青山道叁叁叁 叁叁伍號式 叁樓

曾少霞寶號先生交來由拾月壹日起至拾月卅壹日止

壹個月租銀式佰式拾〇員〇毫正水費另計

明每月上期租取香港通用銀紙如有拖欠租項任由業主封舖屋內傢私

足租項並衙中使費如欲搬遷預早一個月通知不得擅自出頂舖屋內不准窩

犯法等事物如有查出立即取回

一九伍〇年拾月壹日

YICK SANG INVESTMENT CO. HONG KONG 益生置業公司 收租圖章

一張一九五〇年的租單，當時兩層位於青山道的店樓的租金已調升至二百二十元，即每層為一百一十元。

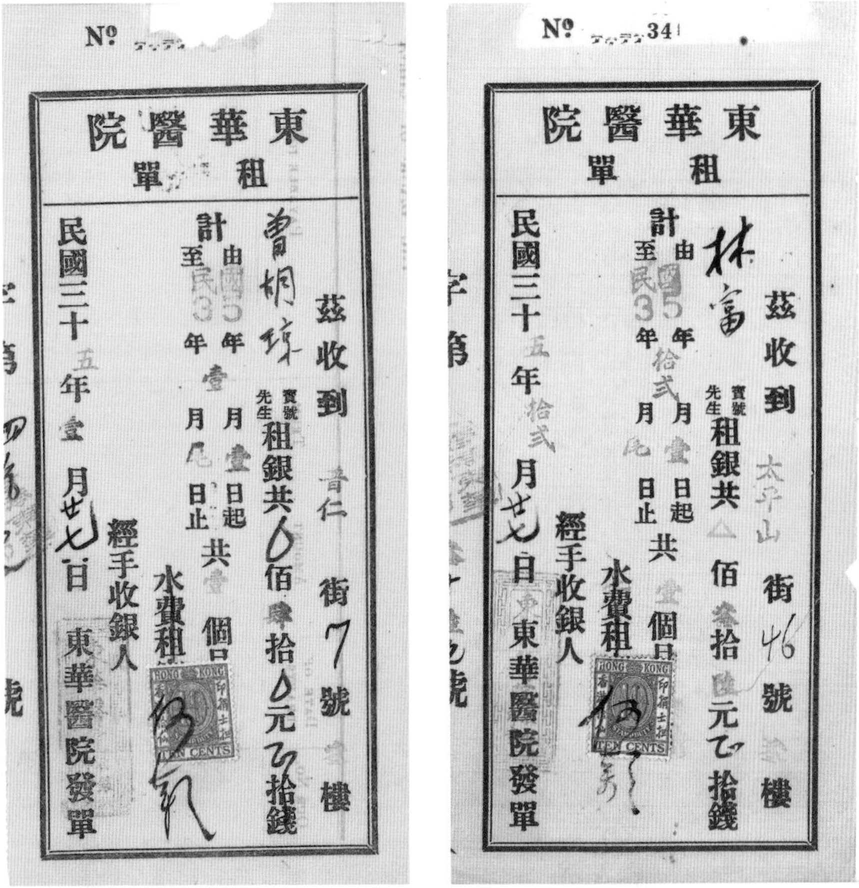

東華醫院的租單，一九四六年一月及十二月。當時位於普仁街及太平山街的唐樓，每層的租金分別為四十及三十六元。

一九五二年的中環銀行區。最高的是一年前落成的中國銀行大廈。右方可見正在進行的愛丁堡廣場填海工程。

一九五五年十月一日的中國銀行，大門口鋪砌松針的國慶裝飾。

一九五〇年代

一九五一年，該全港最高的大廈（中國銀行大廈）落成。後來，我在花園道一帶仰望，有巍峨崇高的感覺。

所謂銀行區，為畢打街以東直至中國銀行大廈的地段，長期以來，一直為汽車不准響號的「寂靜地帶」。該地段的清道夫清潔街道是用「椰衣掃把」，而不是一般的竹掃帚。

約一九四八年的皇后像廣場。右方兩石座上的皇室人員銅像已於淪陷時被移走，滙豐銀行前的銅獅仍未重新置放。滙豐的左鄰正着手興建中國銀行大廈。

每年「十・一」國慶期間，父母親會帶我到這區的中國、國華、集友及浙江興業等銀行，還有告羅士打行的中國航空公司，觀看燈飾和國家新建設的精美圖畫。

同時，當局積極移山填海以闢土地興建新樓。私人發展商亦陸續將工廠、貨倉、火油庫及煤氣鼓等拆卸，以建商住樓宇和開闢新街道。最顯著的是銅鑼灣波斯富街以東的渣甸貨倉，依次改建為現時軒尼詩道、駱克道、告士打道，以及百德新街一帶的多幢唐樓及新式樓宇。父母親曾帶同我往現「崇光公司」背後的一唐樓樓層探訪朋友，當時年紀尚小的我覺得他們恍如居於豪宅。

此外，渣甸山、大坑山以至北角炮台山一帶的貧民寮屋區，亦發展為大坑道以至天后廟道的高尚住宅區，此為一極端的演變。五、六十年代，多次往虎豹別墅遊覽時，經過大坑道一帶的寮屋區，相對自己所居的舊唐樓，有同病相憐的感覺。

大業主有錢佬

自小居住於荷李活道對上的華人平民區，心目中的新型建築物，為落成於一九五一年，現為「PMQ」的警察宿舍，眼見一些朋友仔或同學，可以入住該宿舍，或其附近重建於「卅間廢墟」的新唐樓，羨慕不已。

一九五三年，地產商開始用「分層契」的方式出售樓宇，不需整幢購買。有一「同屋共住」的鄰居，於稍後在上環購入一唐樓樓層定居，我們視他們為「有錢佬」和「大業主」。

一九六〇－一九七〇年代

一九六〇年代初，大量十多層至二十多層的高樓大廈在港九各區落成，而中環、銅鑼灣以及油尖旺的地皮價格，每呎亦躍升至港幣五百至一千元不等。

一些無力「買樓做業主」而「飽受『包租婆氣』」的人士，致力於申請政府及房屋協會的廉租屋，「天堂」為一九五七年落成的北角邨。到了一九六〇年代初則為蘇屋邨、彩虹邨及真善美邨，還有港島的西環邨和明華大廈等。

一九六〇年代後期，我亦想申請廉租屋，以改善一家的居住環境，但同時亦取公司高層同事的意見，他說勿冀望申請到廉租屋，亦不要「玩」車，而要致力儲錢供樓，因為租金可用作供款，供滿銀行欠款，樓宇便成為自己的物業，俟後便生活無憂，確是至理名言，我亦朝此目標奮進。終於在一九七八年，獲選購一層置富花園三房的樓宇。

香港有數次風潮，曾影響到樓宇的價格，最初是一九六七年的騷動，樓價曾跌至只有一半價格，有一位朋友可以用一萬三千元，購入一層位於灣仔大佛口，原價為二萬多元的七百多呎樓宇。第二次為一九七三年股災後，樓價曾受影響跌了兩三成。

灣仔永豐街戰前舊唐樓的景象，攝於一九七九年。「萬國旗」（曬晾衣裳）吸引了不少外籍人士的目光。這一帶現時已變成「全盤西化」，成為中環「蘭桂坊」及「蘇豪區」的延續。

一九八〇年代

最厲害的一次是一九八二年年底開始，因香港前途問題，中英開始談判，不少人在這段時期起，拋售房產物業移民外國，導致價格不斷下跌。財經界人士用「一潭死水」來形容當時的局面。不少樓宇的跌幅有百分之三十至四十不等。

當時，有部分銀行提供還款期長達二十五年，超越一九九七年的樓宇按揭貸款，可是，問津者仍不多，部分位於元朗及屯門的樓宇，每層的成交價甚至低至數萬元。

一九八四年底，〈中英關於香港問題的聯合聲明〉簽署後，港人信心恢復，地產及股市皆有頗大的升幅。因為消除了一九九七年年期「大限」的疑慮，地產商加速發展新界，同時配合政府在新界闢建新市鎮的進程，大量新樓宇陸續在新界各新市鎮落成。

俟後，雖然有起落波幅，但房地產價格整體仍是向上。一九八九年底，我將所居的置富花園樓宇沽出，去換供一接近中區，面積較大的新居，以方便自己的就業及子女的學業，現時回看，當時的抉擇亦為恰當的。

一九八六年的灣仔告士打道，正中為柯布連道天橋。左方落成於一九三〇年的石屎（三合土）唐樓，連同其天台木屋，為中下層市民的居所，稍後被改建為大新金融中心。（圖片由何其鋭先生提供）

二〇〇〇年代

二〇〇三年至二〇〇四年間，部分大學生問我，可否「上車」購買樓宇以安居？我的答案是正面的，因為當時屯門、土瓜灣或深水埗的樓宇，最便宜的為三、四十萬元，只要他們少去一、兩次旅行，少換手機用以支付首期，自置樓宇是輕而易舉的。時至今日，這些地區的樓價已有很多倍的升幅，要置業談何容易。

二〇一一年，一位政府財經部門的高級職員，向我查詢約一九一〇年的樓價。我回覆她當時政府是以每英呎計，出售地皮的。九龍大角咀的二線街道當時房屋的價格，為每英呎地皮港幣一元，買家可在上興建舖位及多層樓宇。時至今日，大角咀的樓層動輒以每英呎萬多元計，升幅之大，令人咋舌！

第一章

銀行區行走

ES VOEUX RD. C. H. K.

約一九五一年的中環銀行區。左方是滙豐及渣打銀行。正中是東亞銀行，其左鄰是國民商業儲蓄銀行，所在現為新顯利大廈。電車右方屬於滙豐的地段曾被名為「獲利街」，其旁是第一代的太子行。

一九六二年初的中環至北角的景致。銀行區前可見即將落成的大會堂。天星碼頭背後的於仁（太古）大廈西鄰正進行併建。

約一九六八年的中環統一碼頭。有「新年快樂」字樣的大廈是恒生銀行，其右方的消防局大廈於一九九〇年改建為新的恒生銀行總行。

一九四〇年代

至日軍宣告投降後，其控制的橫濱正金銀行及台灣銀行，先後結束及封閉。九月七日，多間華資銀號包括恒生、廣安及明德等，以及若干間華資銀行已經復業。同時，多家外資銀行，如友邦、大通及荷蘭等，亦準備在原來的行址復業，主要是經營匯兌和找換業務。

此外，亦有大量找換店或檔口，在各區復業，亦有部分新開設的店鋪出現。大部分市民是將外幣換取港幣以敷應用，際此「禾雀亂飛」時期，各找換店均自行制定匯率。

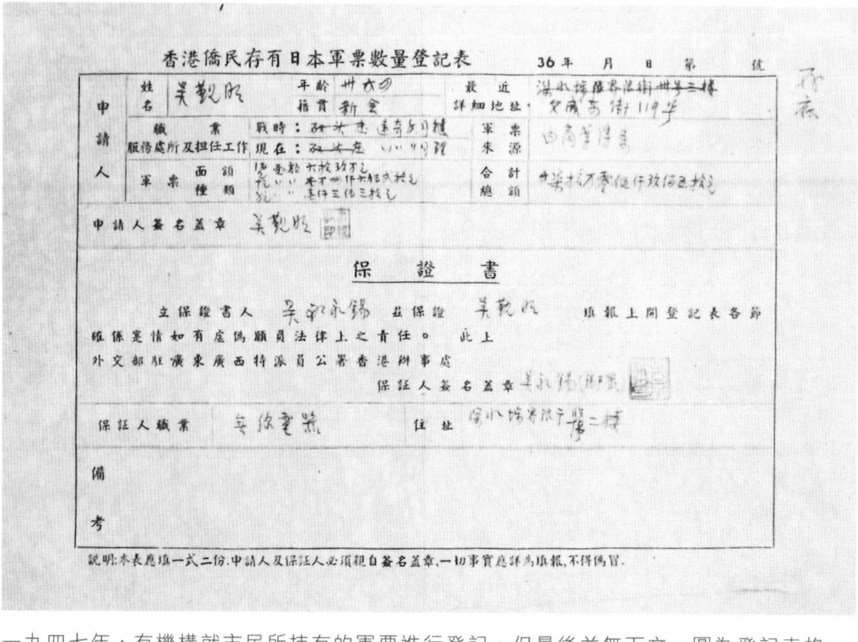

香港僑民存有日本軍票數量登記表　36年　月　日第　號

申請人	姓名		年齡	最近詳細地址
			籍貫	
	職業 服務處所及担任工作	戰時：		軍票來源
		現在：		
	軍票	面額 種類		合計總額

申請人簽名蓋章

保證書

立保證書人　　茲保證　　填報上開登記表各節確係實情如有虛偽願負法律上之責任。　此上

外交部駐廣東廣西特派員公署香港辦事處

保証人簽名蓋章

保証人職業　　住址

備考

說明：本表應填一式二份，申請人及保証人必須親自簽名蓋章，一切事實應詳為填報，不得偽冒。

一九四七年，有機構就市民所持有的軍票進行登記，但最後並無下文。圖為登記表格。

在淪陷時期仍可營業的華商銀行，如東亞、上海商業、國民商業等，一直都有開門營業。自英軍重回香港後，暫只提供提款服務，不接受存款，直至當局另有宣示為止。

港府對港幣、外幣、軍票與中國貨幣間的兌換率未有規定。一九四五年九月四日，找換店之牌價為一港元可換三十五元軍票。同時，有大量流動找換檔及找換小販，在德輔道中及皇后大道中經營，當局令其遷往以上環孖沙街為主的多條橫街。

當時五元、十元的紙幣頗為充裕，只欠一毫及五仙的紙輔幣。大部分金屬硬幣已被作為金屬物料而遭熔掉。

九月十四日起，港幣已恢復為香港行用貨幣，但銀行仍對提款作出限制，每戶每天限提取二百元。當局同時發行新版的一仙、五仙和十仙紙輔幣。

軍票變廢紙

於整個淪陷時期都在港生活的梁紹桔先生曾告訴我，他們的家族在較早前以約二十萬元軍票的價格，出售其位於皇后大道中二五二號百步梯（歌賦街）梯腳一間經營珠寶鐘錶的舖位，因沒購買黃金，整批軍票於和平後化為烏有。

日軍在香港發行的軍票，於和平後成為廢紙，本港市民損失慘重。

大日本帝國政府
軍用手票
百圓
3
100
大日本帝國印刷局製造

軍用手票
百圓
此票一到即換正面所開日本通貨如有偽造變造仿造或知情行使者均應重罰不貸

九月十六日起，幣制復舊，各戲院亦只收港幣，票價由五毫至一元半不等。香港電燈及中電宣佈不收軍票。是日，英文《南華早報》評論指出，港府不能承認或承擔軍票，否則將會有極大數量的軍票由附近區域湧入香港。因此於三年零八個月期間作為本港貨幣的軍票，從此成為廢紙。

一九五〇年代

一九五三年六月，父母帶我往皇后像廣場，觀看英女皇加冕的綵燈和裝飾，首次看見高樓大廈的中國銀行和上海（滙豐）銀行（當時人們普遍稱滙豐為「上海銀行」），感到驚奇不已。

一九六一年，英國雅麗珊郡主訪港時，銀行區的璀璨裝飾，亦見位於皇后像廣場的迎賓「竹牌樓」。

每年的「十・一」國慶，父親亦帶我往中環，觀看若干間銀行的綵牌和燈飾，除中國銀行外，還可看到公爵行樓下的國華商業、華僑商業及金城銀行，以及其斜對面現新世界大廈所在的浙江興業銀行。位於皇后大道中的，還有中環街市以東八十三號的寶生銀號，其繪有國家新建設的綵牌，吸引了不少人在對面鑽石酒家前駐足觀看。

兒時較有印象的一家銀行為上環德輔道中二六一號近急庇利街，私娼雲集「人肉市場」區的嘉華銀行。還有往太平戲院看電影時，不時經過位於德輔道西與屈地街交界的廖創興銀行，其所在現為「創業中心」。當時不少銀行的門口，都有一持槍印籍守衛，晚間會放置一張帆布「馬閘」以供休歇。

一九五九年，渣打銀行重建的新廈落成，亦為當時最高的建築物，於一九六二年，才依次被於仁大廈（現遮打大廈所在）及恒生銀行大廈（現盈置大廈）所超越。渣打銀行金光閃閃的大閘門，為中環的一亮點。

多間位於中環街市以西，包括永隆、廣安、恒生、永亨、大生、道亨及恆隆的華資銀號，由一九六〇年起，中文名稱紛紛易為銀行，同時亦建成宏偉的新總行大廈。

約一九五八年的中環皇后大道中，右方為中環街市。這一帶為華人的銀行區，可見著名的永隆及昌記銀號。永隆於一九六〇年轉為銀行。嘉咸街口則有一間高級的金城酒家，金銀業界人士多在此品茗和宴聚。

蜜蜂釀蜜過冬我儲蓄

約一九五五年，我獲贈一本位於皇后大道中一六七號恒生銀號的宣傳小冊，內容描述蜜蜂釀蜜得以渡過寒冬的故事，使我對於儲蓄以及該銀號，留下深刻的印象。

母親有時會帶同我在中環街市對面的華豐燒臘店輪購燒肉，看到其西鄰永隆銀號，櫥窗所介紹的「十元開戶」，我深感興趣，可惜當時卻是囊空如洗。

吸引存戶的招式

當時，不少銀行用十元開戶，以及以「零存整付」（每月存入二十多元，三年後連本帶利可取回一千元）的方式，吸引存戶。我亦曾在一間中資的中南銀行開立這一類戶口。

而滙豐及有利銀行則為一元開戶，部分存戶並可獲贈一座售價一元、該行大廈形狀的塑膠模型儲蓄錢箱。同時，多間銀行亦陸續推銷設計精美的儲蓄錢箱作招徠。較顯著的是渣行銀行之迪士尼公仔，和恒生銀行的馬車、大象和獅子等金屬錢箱。我亦藏有滙豐大廈以及有利銀行的鯉魚塑膠錢箱各一座。

由一九六一年起，多間銀行亦派發利是封，以及當時為首創的塑膠年曆咭予存戶。

一九五〇至七〇年代，遠東銀行、渣打銀行、中國銀行、廣東信託商業銀行、廣東銀行、有利銀行，以及恒生銀號的存摺或摺套。遠東銀行的存摺有總經理裘錦秋女士的簽名。中國銀行、渣打銀行及有利銀行是港幣一元即可開戶者。

一九六〇至七〇年代，恒生、渣打、滙豐、中國、南洋商業銀行、新華、寶生、萬國寶通（花旗）、廣東信託及有利所派發的紙和塑膠質利是封。

一九六〇年代

一九六〇年代初，各華資銀行在各區大量開設分行，當中以廣東信託商業銀行較為顯著。部分華資銀行營業至晚上九時後，星期日亦照常辦公。相對於在中上環區只有一間總行，每天下午三時便休息的滙豐、渣打等外資銀行，是十分積極的。恒生銀行則由總經理何添發信，邀請各大小客戶於星期天參觀其總行，並具茶點汽水招待。

一九六一年六月十五日，廖創興銀行及分行發生擠提。一天後，滙豐及渣打銀行發聲明支持，風潮隨告平息。起因是九龍巴士及怡和洋行公開發售新股，眾多股民認購，大量資金轉往收票行的滙豐，資金因此被抽緊所致。個多月後，廖創興銀行的董事長廖寶珊逝世，在灣仔萬國殯儀館治喪。

直到一九六〇年代後期，劃有兩條斜線的只能過戶而不能即時收取現金的「劃線」支票，存入銀行戶口，需時四天，才可收到現金。每家銀行的支票存款收據上，例蓋有一「FOUR DAYS FOR CLEARING」的印戳。為了可在第一時間收到所需的現金，很多商號拒絕收受劃線的過戶支票，而偏向收受無劃線的現金支票。

一九六〇年代中，銀行仍未有電腦互聯網設施，每一間銀行的支票只能在總行或指定的某一間分行收取現金，例如恒生銀行油麻地分行的支票，只能在位於平安大廈的該分行收款。

我亦曾肩負收款的任務。每天早上攜帶多張不同銀行總分行的支票，四出奔走提取款項，最常往的有：恒生、永隆、永亨、東亞、廣東（不時與「廣東省銀行」混淆）、海外信託、永安、泰國盤谷、遠東、寶生、集友、交通、鹽業、法國國家工商銀行以及有餘商業銀行等多間。

每張支票的收款，都獲發一號碼牌，而要等候十多分鐘。有若干間包括恒生、永亨、永隆及東亞的櫃員，差不多每天都見面，變得熟絡而獲免取號碼牌的優待。曾於一九六六年往恒生銀行提取二十萬元（可購小型唐樓十多層），雖獲安排進入一有遮掩的櫃檯收款，不過仍有戰戰兢兢的感覺。

恒生的若干位櫃員二十多年後仍有聯絡，一位戴先生曾為學習外語時的同學。永隆的一位陳先生，後來升級至匯兌部的主管，他亦曾為香港錢幣研究會的司庫。該行另一位櫃員朱先生，亦為該會的會員，現時已屆九十高齡。

文咸東街三十六號，四海通銀行的支票，一九五二年。收款人為上海商業銀行。一位前輩曾在此任職，後來成為持牌股票經紀，有一段頗長時期，他替我進行股票買賣。

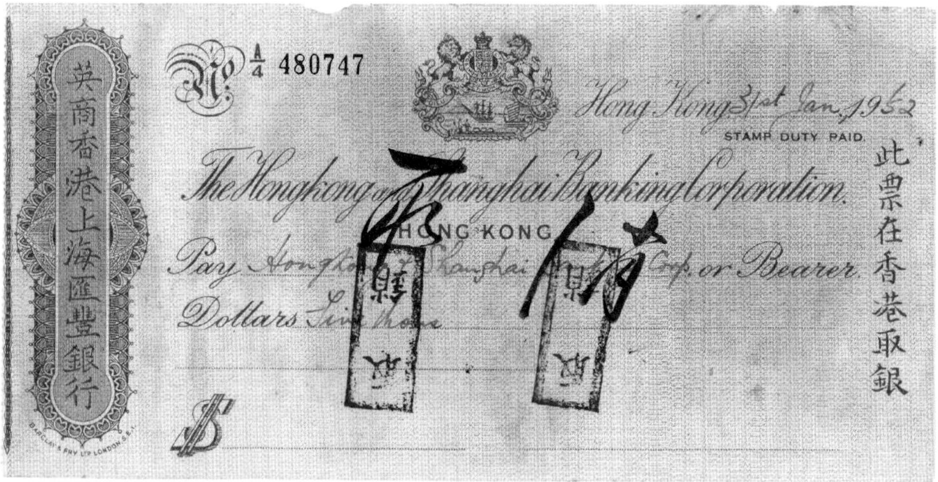

滙豐銀行的支票，一九五二年。當時「滙」的寫法為「匯」。

間中往提款的還有位於皇后大道中一號的滙豐，以及其鄰近的中國銀行、渣打、德華（稍後易名為「歐亞」）、有利、荷蘭。過了雪廠街的則有公爵行地下的華比、國華商業、公主行的大通，中建大廈的廣東信託、明德，和位於其樓上的美國國際商業銀行。

位於都爹利街的一端則有萬國寶通（花旗）、東京、浙江第一和上海商業等。

記得當時的支票，皆貼有一枚十五仙並銷蓋的印花，或印有 STAMP DUTY PAID 字樣。中國銀行的淺綠色、印有總行大廈的支票，印象仍深刻。第一次踏入該行時，有「肅然」的感覺。

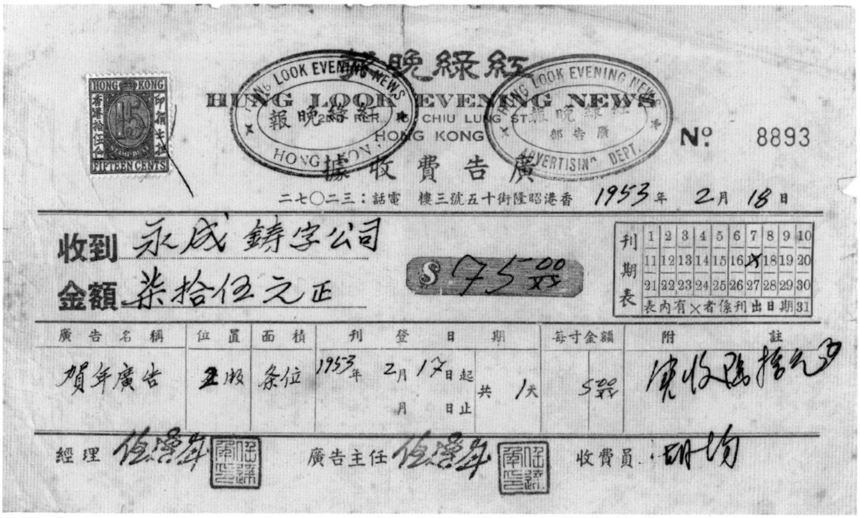

一張紅綠晚報的賀年廣告費收據，一九五三年。直到一九六〇年代後期，商業發票每超過二十元需貼上十五仙印花稅票。

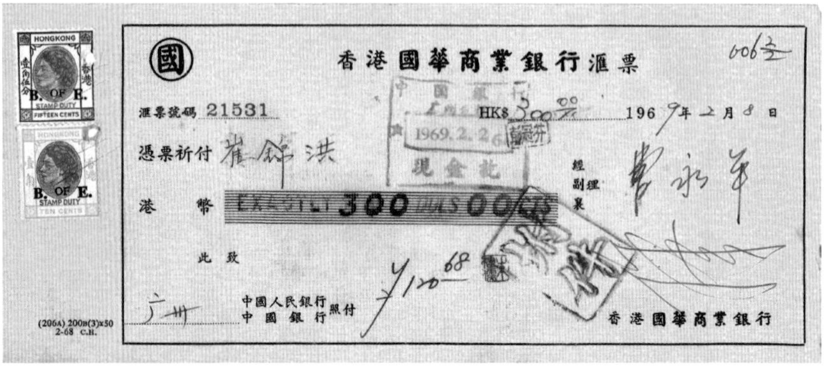

香港國華商業銀行的滙票，一九六九年。當時每百港元約兑換人民幣四十元。

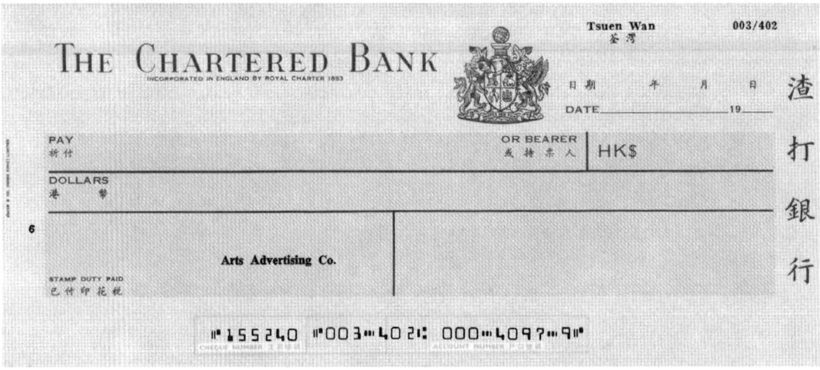

約一九六八年的渣打銀行支票，當年每張支票仍需繳付印花稅一角五仙。

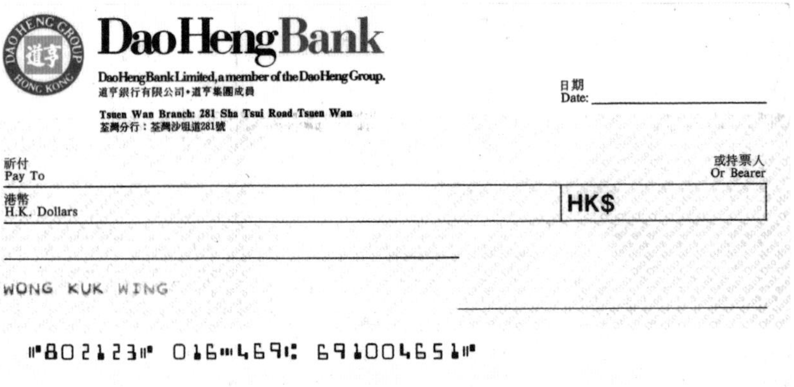

道亨銀行的支票，約一九九〇年。

往中建大廈樓上的美國國際商業銀行收款，因要等其職員往其他銀行提取現金，故要等約一小時。另一間樓上銀行為恒生銀行大廈的法國東方匯理銀行。

位於南北行街（文咸西街）的，有：京華、大生、四海通、南洋商業、汕頭商業（亞洲商業），以及東亞和廣東銀行的分行。這些銀行所在的樓宇，全為有百多年歷史的古典南北行街獨有建築。汕頭商業銀行的門口，有兩度傳統「上鋪」（可搬移）的高大木門，恍如兩位門神，現時我仍記憶猶新。位於該街十號廣東銀行的舖位，於十九世紀中期，為顯赫的南北行商元發行之發跡地。

與這些銀行對比強烈的，是滙豐銀行總行。該落成於一九三五年的花崗石宏偉建築，寬敞的大堂上之拱型屋頂，有一富麗堂皇的壁畫，每次前往收款，均禁不住翹首仰望，尤其被一穿着大紅衣服的女神像所吸引。

不過，持支票往該銀行收取現金，直到一九六〇年代後期，卻為一樁苦事。當時的櫃檯標示全為英文，而不少櫃員則是被稱為「西洋仔」的葡籍人士。直到一九六〇年代中，其提存單據，皆全為「英語對白」。我要先看支票的戶口號碼（如 C/A No. 1-500 等），

滙豐銀行處理殘舊鈔票時的「燒銀紙」情景，約一九七〇年。據該行職員説該部門是位於銀行大廈的頂端。

滙豐銀行櫃員櫃檯背後的「數銀紙」部門，約一九七〇年。窗外為西鄰的渣打銀行，左上方為「買辦房」。

位高權重華經理

一九五〇年代，滙豐銀行的買辦，已正名為華經理，他有僱用華籍職員的大權。一位好友曾先生便是在一位李姓華經理任內，入職該行。一九六〇年入職時月薪約五百元，確是羡煞旁人。

我有一位同事的黄姓親戚為該行的副華經理，我受僱的機構因不時與買辦及職員有金銀業務的往來，所以我亦常出入該行的買辦房。印象最深刻的是一位常常接觸，光頭而肥胖，被稱為「大頭佛」的職員。

該位黄姓副華經理的地位亦很顯赫。一九六〇年代中的一天黄昏，途經皇后像廣場，看見黄先生從該行大門口步出，登上停泊於銅獅子前行人路上的開篷跑車，親自駕駛絕塵而去。二〇一五年為滙豐成立一百五十周年，該行的檔案部亦曾向我查詢，有關我對該位黄先生的印象。

再去尋找有相同戶口號碼標示的櫃檯，交遞支票，換回一張如戲票的雙聯根收據。要將其中一半撕開，於中午一時，該行休息前，投入皇后大道中大門口「買辦房」旁的一紅式收票箱內，然後打道回府。

待至下午二時半，該行「恢復辦公」時，才可收到款項。一到三時，該行便關上大閘，停止營業。若錯過這半小時的「一刻千金」時段，便要「明天請早！」了。

「岸涯自高」，在中上環只有一間總行的滙豐銀行，要到一九六六年才在南北行區的永樂街二二九號，開設這區的第一間分行。不過，早於一九六一年，該行已有一間汽車流動銀行。

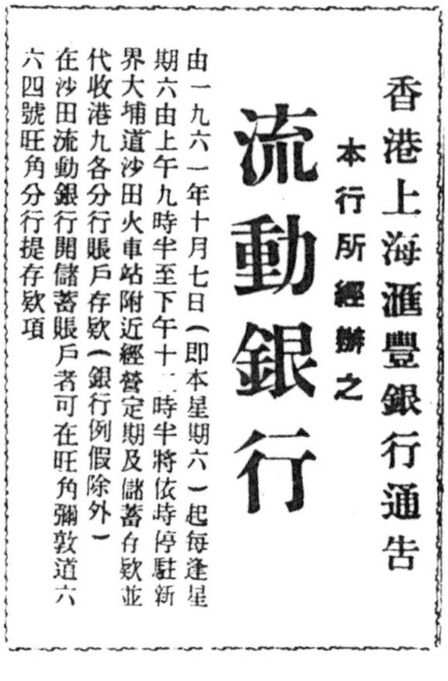
香港上海滙豐銀行通告
本行所經辦之
流動銀行
由一九六一年十月七日（即本星期六）起每逢星期六由上午九時半至下午十二時半將依時停駐新界大埔道沙田火車站附近經營定期及儲蓄存欵並代收港九各分行賬戶存欵（銀行例假除外）在沙田流動銀行開儲蓄賬戶者可在旺角彌敦道六六四號旺角分行提存欵項

一九六一年十月，滙豐銀行之流動銀行開始服務的報章廣告。

前述的好友曾先生曾在該流動銀行工作，根據他所描述，流動銀行有一名身兼駕駛工作的主管（SUPERVISOR），一位副手（No. 2 OF BANK，曾先生即任此職），以及兩名分持長、短槍的護衛。

櫃位設於車尾部分，用無線電與總行通訊。因冷氣不足，兩位職員「特准」衣恤衫、短褲及穿拖鞋開工。流動銀行的總駐在地為荃灣，星期一至六，分別往包括慈雲山、西貢、沙田及錦田等的不同地點服務。稍後，滙豐各區大量開設分行和袖珍（MINI）銀行，流動銀行至約於一九七〇年被取消。

一九六五年，仍有若干間英文名稱為BANK的銀號，包括明德、泗利、呂興合、利成、恆泰及昭泰等，主要為經營黃金及找換業務，若干間如明德等亦有接受存款者，我亦不時前往交收。

一九六五年，擠提風潮期間，位於畢打街與皇后大道中之間的明德銀號。

同年的一月二十六日，港九的明德銀號出現擠提，一天後，該銀號遭銀行監理署接管。

十天後的二月六日，分行眾多的廣東信託商業銀行亦發生擠提，兩天後，蔓延至數間華資銀行，包括最享盛譽的恒生銀行。

二月九日，滙豐銀行保證無限量支持恒生銀行，渣打則支持道亨及廣安。而廣東信託的總行及二十多間分行，俱「暫停營業」。記得該行的總分行，均懸掛一幅董事長周峻年爵士的照片，周氏曾為華人代表，其「十一號」的私家車牌為市民所熟知。部分市民稱他為「周紳士」。

稍後，財政司郭伯偉同意，所有定期存款，須到期始能提取。同時並實施每日只能提取現金一百元的限制，轉賬撥款則不限。

因農曆春節過後，現金未及回籠而造成擠提，當局由英國將首批共二百一十萬鎊的英鎊運抵香港。

可是，擠提風潮仍未平息，恒生銀行的擠提人龍由現盈置大廈的總行，一直伸延至皇后像廣場，導致人心惶惶。我在該行開立有一個儲蓄（紅簿仔）戶口，號碼為280-9-096XXX，心內認為該行應無問題，故沒有加入擠提的長龍。

一九六五年四月，受擠提風潮影響之恒生銀行總行門口的人群。

一九六五年三月三日，滙豐銀行舉行創立百周年的慶祝會。同時在大會堂展出該行珍藏畫家「金奈利」（錢納利），繪於開埠初期的省港澳景色油畫。我曾往參觀。

到了四月九日，恒生銀行成為滙豐銀行的附屬機構，並在電台及報章宣佈：「存款於恒生等如存於滙豐」，擠提人龍隨即消失。

同年五月十二日，廣東信託商業銀行清盤。由一九六六年起，該行及明德銀號的存戶，於數年內，分多次陸續獲得清還全部存款。

約一九六五年的旺角亞皆老街。右方為位於與西洋菜街交界的廣東信託商業銀行分行。

中華民國五十四年(一九六五)三月三日 星期三 星島日報 夏曆乙巳年二月初一日 第六版

香港上海滙豐銀行百週年紀念

百年前今日
滙豐銀行成立
創辦人係湯麥士蘇利蘭
創辦資本港幣五百萬元

滙豐銀行歷史中一輩超卓的領袖

慶祝創業百年 今起舉行盛典
今晚大會堂前大放烟花，今日宴請官商及各界人士 股東將每股贈送紅利一股

百年前臨時委員會首次會議出席人物

香港鑄幣局大損失 滙豐銀行曾予支持

名幽默作家筆下的 初年滙豐銀行
伍迪豪氏當年在滙豐任職，在首頁賬簿中寫了一段滑稽文章，終於他離開銀行，開始寫作生涯。

為滙豐銀行奠定基礎之 第一屆委員會
成員包括六國人士，反映當年香港商業廣大的國際性。

滙豐將出版

一九六五年三月三日，滙豐銀行開業百周年，在《星島日報》刊登的特刊。

一九六六年，天星小輪頭等船費，由兩毫加價至兩毫半，即加價一個「斗零」，旋即引起一場騷動，成為當年的大新聞。

一九六〇年代後期，滙豐及恒生等銀行開始實行電腦化，存入劃線過戶支票直至收到現款，需時由四天縮短至兩天，以至一天，老闆的現金緊絀情況，大大舒緩，加上治安不靖，每天持多張支票，往各銀行「沿門托砵」式的收取現金的任務，便告停止。俟後，與滙豐「打交道」是認購新股，因該行是多家新上市公司的「收票行」。

發售心思禮券

一九五〇年代後期起，多間華資銀行開始發售禮券，旋即取代各大百貨公司之禮券，成為送禮佳品。為吸引客戶，不少銀行在禮券及封套的設計上，大花心思。當中以永隆及華人銀行的較為突出，恒生銀行則印有「賀辭備覽」，我可在其中「偷師」，之後受用不盡。華人銀行的董事長周錫年亦是牛奶公司的董事長，當時為「華人代表」，十分風光。

一九六〇年代的禮券面額，由五元至一千元共有十多款，當時最受歡迎的，是「公價人情」的十元。一九七〇年代中，「公價人情」已躍升至二十元了。

一九七〇年代

一九七〇年代初，中國銀行在上環德輔道中近西港城處，開設分行，成為新聞焦點。此外，包括英資、美資、法資、日資及比利時的多家銀行，亦在各區大量開設分行，可用「銀行多過米舖」來形容。

單以滙豐銀行在中環銀行區來說，除總行外，有位於和記大廈、歷山大廈、告羅士打行、華人行、萬宜大廈、皇后大道中昭隆街口，以及威靈頓街和士丹利街和擺花街的多間分行，十分密集。

位於德輔道中與砵典乍街（左）交界的第一代萬宜大廈，約一九九五年。此落成於一九五七年，設有香港首批扶手電梯的商業大廈，內有著名的紅寶石餐廳，以及原開張於右下方廣安銀行所在，以蛋撻馳名的蘭香室茶餐廳。此大廈於同年稍後拆卸重建。

在中國銀行石獅子旁拍攝中環銀行區的景致，一九七四年。

一九七一年國慶期間，在中國銀行前留影的市民。

滙豐另一間位於「卅間」（士丹頓街）的分行，所在原為街坊熟知的「初記」豆腐舖，突然變身為美侖美奐的英資銀行，大感錯愕。

一九六〇至一九七〇年代，銀行的服務是十分殷勤和窩心的。除了宴會、蛇宴及茶會等款待客戶外，部分銀行會僱一批「業務促進員」，在銀行門口及大堂招呼接待客戶，亦會往客戶的商號或辦公室拜訪和致賀。部分大客戶喜宴場合，他們除出席致賀外，又會派出若干位成員作迎賓的「知客」，服務可謂無微不至。我曾在老闆一家族成員的婚宴上，目睹此種「盛況」。他們亦會在「白事」的治喪場合出現。

後來，業務促進員的探訪和寒暄，被視為刺探公司，以至其行家的虛實和信用的商業間諜，有損公司及同行的利益，業務促進員被簡稱為「業促」，與「孽畜」同音，可謂「謔而虐」矣。

一九八〇年代

一九八一年，滙豐銀行重建總行大廈，對於其圓拱屋頂壁畫被拆，深感可惜。

該行部分業務遷往皇后大道中七號的有利銀行。我曾多次進出有利銀行，由該行可進入比鄰的荷蘭行，而步出雪廠街。其地庫的保管箱部，附設一「賬房」，可見一位衣「唐裝衫褲」的老先生，用毛筆在中式賬簿上記賬，在傳統英資銀行內有此中式風情，深感奇怪。一九八五年，我進入新落成、現代化的滙豐總行，覺得總欠缺以往的典雅韻味。

一九八二年，中國銀行購入位於金鐘道與花園道交界，曾「鬧鬼」的美利樓地段，在該處興建新總行大廈，於一九九〇年落成。其舊總行大廈，曾作為新華銀行的行址。一九九四年五月二日，我進入該高聳入雲的中銀大廈，兌換該行剛發行的港鈔。

一九八三年起，恆隆銀行、海外信託銀行及其附屬的香港工商銀行，因財政問題被港府接管。一位同事所持的海外信託銀行股票，因而變成廢紙。一九八五年及八六年，陷於困境的銀行還有遠東、友聯、康年、永安及嘉華。我曾在德輔道中與林士街交界的康年銀行開立

皇后大道中與雪廠街交界的荷蘭行，一九八五年。樓下曾為荷蘭及有利銀行。右方可見即將落成的滙豐第四代銀行大廈。（圖片由何其鋭先生提供）

戶口，古典建築物內的大堂，可與東亞銀行媲美。與永安百貨公司聯繫的永安銀行，歷次擠提均安然無恙，是次出事，我深感錯愕。

稍後，道亨銀行收購海外信託、法資銀行收購遠東、招商局收購友聯、第一太平收購康年、中國國際信託投資收購嘉華，以及恒生銀行收購永安。所有存戶皆獲保障而無損失。

多年後，友聯銀行變身為中國工商銀行（亞洲），嘉華銀行則變身為中信銀行。

由原消防局大廈的地盤望中央市場（中環街市），一九八六年。地盤於一九九〇年建成恒生銀行總行大廈。圖片左方可見我常往品茗之第一樓的招牌。（圖片由陳創楚先生提供）

由中環街市東望皇后大道中，一九五五年。左方可見位於八十三號，開業於和平後之寶生銀號的招牌。右方為著名的高陞茶樓、振興公司和鑽石酒家。寶生銀行於一九六〇年代初轉為銀行，亦為黃金經營的巨擘，金銀貿易業者稱其為「阿爺」。

寶生舊相識

其中一間寶生銀行，與我工作的機構有業務上的往來，因而認識到多位該行的職員。一九九六年，我的第一本拙著出版舉行發佈會，該行送來花籃，使我感到榮幸。該行的一位錢幣專家徐雄威先生，除指導我不少鈔票的知識外，又推薦我為一位內地專家著作的香港錢幣專著撰寫序言，十分感激。

一九七〇年代後期，滙豐及恒生銀行率先設置日夜可提款的櫃員機，我立刻申請一張提款咭，可享受「遇庫支錢」的樂趣，又免卻排隊提取現款之苦。稍後，十多家中資銀行亦設置聯網的櫃員機，以方便不同銀行的存戶。

一九八〇年代，各銀行皆流行送贈紀念品予客戶，包括金屬或塑膠的儲蓄箱，外型為銀行大廈、瑞獸、財神或卡通人物等。印象最深刻的，是滙豐銀行的古銅色生肖匙扣，不少人按年收藏一如郵票及錢幣。

位於德輔道中永安街（左）及機利文街（中）和機利文新街（右）交界的大生及中南銀行，約一九九八年。

一九九七年七月的中環畢打街。可見有慶祝回歸祖國裝飾的交通銀行。

恒生有個明星財神

早於約一九七一年，恒生銀行開始派送金光閃閃的財神年畫，並配合「丑生王」梁醒波扮演的財神在電視播出。很多住戶用其年畫作裝飾，店舖則用作開市通告，該行大收宣傳之效。

一九七〇年，恒生銀行已被「打工仔」視作財神。據一位好友描述，當年他初入職該行的月薪為四百八十元，另加伙食費五十五元。歲末並獲增派五個月薪金的「花紅」，即為當年熱門話題的「十七個月糧」，令到包括滙豐在內的其他銀行從業員，羨慕不已！

二○○一年九月的中環雲咸街。浙江興業銀行連同多間中資銀行，於同年十月一日轉變為中國銀行（香港）。

由蘇杭街望文咸東街的道亨銀行總行，約一九九五年。

道亨銀行屬下的海外信託銀行堅道分行，二〇〇三年。到了二〇一三年，道亨以及轄下的海外信託銀行及廣安銀行，轉變為星展銀行。

第二章

金融貨幣

一九六六年的中環銀行區。中前方政府合署西座的西端為雪廠街兩旁的荷蘭銀行，以及香港政券交易所所在的公爵行。其前方為位於都爹利街口的中和行，一九五一年之前為中國銀行的行址。

BAYER

一九七二年的中環、金鐘和灣仔區。可見即將落成的富麗華酒店，其右端為水星大廈及壽德隆大廈。富麗華的東端即將興建和記大廈及金門大廈（美國銀行中心）。圖片上中部的域多利軍營地段，於八十年代後期發展為太古廣場及萬豪、港麗和香格里拉酒店。

約一九九〇年的尖沙咀區。由九龍倉蜕變之海港城左上方的海面即將填海，以進行名為「玫瑰園」的赤鱲角新機場計劃。

約一九六六年的滙豐銀行總行大堂。正中為皇后大道中的前門，其右方為「買辦房」。因工作所需我曾不時出入「買辦房」，以及在所見的多個窗口辦理提款存款手續。走廊上，可見兩名衣如警察制服並配短槍及警棍的護衛。

一九四一年十二月八日至二十五日期間，為應市民所需，香港政府徵用，由商務印書館印製之中國銀行五元鈔票，加蓋中英文「香港政府一元」字樣，充作港幣一元，在市面流通。

日治後期的一九四五年八月初，黃金的價格每兩升至軍票十八、九萬元，伸算港幣為七十多萬。

九月二十二日，港府實行「以工代賑」計劃，是動員各清貧男女市民，去清理被炸屋宇的殘磚敗瓦，以及清理市街，當局付予合理酬金。此舉既可救濟貧民，又可使港幣流通。

由日軍投降日起，市民紛紛往當鋪將押物贖回，當鋪亦實行止當候贖。到了九月三十日，當押業因典當物品者用已成為廢紙的軍票贖回押物，導致慘重的損失。而雪上加霜的是政府規定，所有押店要待至全部押物者的押期屆滿，才能停止營業。可是，不少押店已因破產而倒閉。

估計全港押店共損失約四千萬元，每間押店約四十萬元。當局曾提議提供貸款助其復業，但最後沒有實現。

一個月後的十月二十四日，報章所列的金融行情如下：

1 美元兑	港幣 7.20
1 英鎊兑	港幣 17.50
1 兩黃金	港幣 515 至 530

一九四四年七月二十日，已成為「香港施行軍政總樞紐」、「香港占領地總督部」所在的滙豐銀行大廈，其門口兩隻每隻各重一噸的銅獅，為響應「獻銅運動」，於八月十一日拆走，由總督磯谷廉介將其運往日本，實行「廢物利用」。同被移走的，還有包括置於皇后像廣場等地的多座銅像。

一九四六年，兩隻銅獅以及維多利亞女皇像，還有昃臣爵士的銅像，從大阪之櫻島兵工廠取回，運返香港，其他銅像則無法尋回。

約一九五一年的皇后像廣場及高等法院。正中的木屋式平房是多個政府辦公部門所在，亦包括若干個半官方機構。左方昃臣爵士銅像及背後是滙豐銀行的地段，亦為現時皇后像廣場一部分。

有關「迫簽鈔票」的來龍去脈

滙豐銀行有一批共一億一千九百萬沒有發行的鈔票，於一九四一年十二月初來不及銷毀，於日軍清算該行時被發現，日軍當局迫令被囚於赤柱集中營的滙豐總司理祁禮賓爵士，連同一眾高級職員，簽署這批鈔票，在澳門及內地上海等區購買物資。這批鈔票被稱為「迫簽鈔票」。

英國於淪陷期間向全世界公佈這批鈔票不合法，價值隨即跌至只剩其百分之二十至百分之二十五。

和平後，香港軍政府於一九四五年九月十三日，公佈這批迫簽鈔票的號碼後，引起市面一片混亂，有人將號碼或英文號碼「字頭」塗改，引致大多市民不敢收受滙豐的鈔票。

不過，在當時的政府憲報曾提及，這批鈔票是「需要處理」，部分「醒目」市民，視為「泄露天機」。在各處用低價秘密收購，其實，滙豐亦同樣作此收購行動。

一位財經前輩曾述及，有一南北行兼營銀號的米商，於淪陷期間曾不時冒險攜帶食物往赤柱集中營，接濟該行的若干位高層，亦獲此「天機密料」。

一九四六年四月二日，軍政府宣佈這批迫簽鈔票為合法貨幣，其負債由港府與滙豐共同分擔，混亂風波平息，低價購入的「醒目者」皆獲鉅利。

根據有關方面的消息，由於大量迫簽鈔票可能因戰火而損毀或遺失，港府與滙豐所承擔的數額，遠遠低於所發行的一億一千九百萬。

於一九三四年印就而從未曾流通的滙豐銀行五十元鈔票，被日軍於清算該行時發現，迫令該行總司理祁禮賓（下圖右方機印）及不同會計用人手簽署（下圖左方）發行，即為「迫簽鈔票」。

和平後，一九四六年起發行的
一元、十分、五分及一分鈔票。

早於一九四五年十二月一日，金銀業貿易場已恢復黃金買賣，亦兼營國幣（內地鈔票）和西貢紙（越南鈔票）等。稍後，大量內地資金隨移民南流至香港，這些移民皆熱衷於上述金鈔及地皮的投機和炒賣。

一九四六年，美國的官訂黃金價格為三十五美元，伸算港幣約為二百五十元。可是，當年的上落波幅由港幣二百五十升至四百零五元，而內地的國幣和越南的西貢紙之上落波幅更加巨大。

當年，普羅工人的月薪為港幣二十至四十元，除了作金融外匯以及物資的投機炒賣者資金較為充裕外，一般市民的生活是頗為艱苦的。

一九四七年，市面上流通的，主要為滙豐、渣打及有利銀行的五元和十元鈔票，以及政府發行的一元，還有一仙、五仙和一毫紙輔幣。九龍總商會籲請港府發行硬幣以代替低面額的毫、仙紙幣。

上海大戶炒燶黃金或外匯

大量投資及投機者聚集於中上環的炒金店號或寫字樓內，尤以文咸東街及金銀業貿易場所在的孖沙街一帶最為集中。若干包括來自上海的大戶因炒「燶」（投機失敗）導致一貧如洗，淪落在街頭（尤以北角一帶為多），設檔擺賣豆漿、油條和臭豆腐。

金銀貿易場宣佈
取銷永誠港利牌照
【特訊】前（一）日所傳大道中永誠銀號停業一事，經已終告倒閉。昨金銀貿易場理事會已正式公佈取消永誠銀號及其港利銀號兩家之牌照，并沒收其基金，因該號已陷無可轉寰之地，終宣告倒閉，故該場迫於採取上述措置。查該永誠銀號突于前（一）日下午黯然停業後，各有關「對倉」銀號，爲圖最後挽救該號之命運，經派員與其關係人作間接之調處，表示概願以二九伍元公價，清理期倉債欵，并以折衷償付，聞該號約倒倉四萬三千餘両，多已超價至三百元左右，故差價僅五元，債欵爲數二十餘萬元，另於（一）日晨吸進之八千餘両好倉，昨已達二九二元，故可對價平倉，故力請該號負

滙豐銀行於一九四六年三月（當時仍為軍政府時期）所發行的五元鈔票。右方為總司理摩士（摩士公園以他命名）的簽名。

一九四八年，永誠及港利兩間銀號，因「炒燶金」而被金銀業貿易場吊銷行員（會員）牌照的新聞。

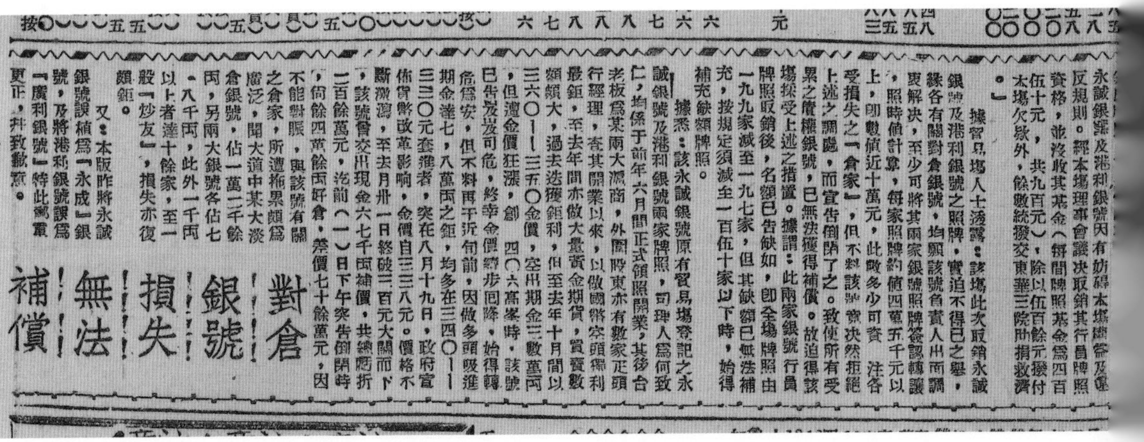

永誠銀號及港利銀號因有妨礙本場聲譽及違反規則。經本場理事會議決取銷其行員牌照資格，並沒收其基金（每間牌照基金為四百伍十元，共九百元），除以伍百餘元撥付本場欠款外，餘數統撥交東華三院助捐救濟。」

據貿易場人士透露：該場此次取銷永誠銀號及港利銀號之照牌，實迫不得已之舉，緣各有關對倉銀號，均願該號負責人出而調處解決，至少可將其兩家銀號照牌簽認轉讓，照時值計算，每家照牌約值四萬五千元以上，即數值近十萬元，此數多少可資 注各受損失之「倉家」，但不料該號竟決然拒絕上述之調處，而宣告倒閉了之。致使所有受累之債權銀號，已無法獲得補償。故迫得該場採受上述之措置。據謂：此兩家銀號行員牌照取銷後，名額已告缺如，即全場牌照由一九九家減至一九七家，但其缺額已無法補充，按規定須減至一百伍十家以下時，始得補充缺額牌照。

據悉：該永誠銀號原有貿易場登記之永誠銀號及港利銀號兩家牌照，司理人為何致仁，均係于前年六月間正式領照開業，其後合老板為某兩大濠商，外圍股東亦有數家正頭行經理，查其開業以來，以做國幣孖頭獨利最鉅，至去年間亦做大量黃金期貨，買賣數額頗大，過去迭獲鉅利，但至去年十月間以三六〇一一三五〇金價，空出期金三數萬両，但遭金價狂漲，創四〇六高峯時，該號已告岌岌可危，終幸金價續步回降，始得轉危為安，但不料再于沂旬前，因做多頭吸進期金達七，八萬両之鉅，均多在三四〇一一三三〇元套進者，突在八月十九日，政府宣佈貨幣改革影響，金價自三三八元。價格不斷瀉瀉，至去月卅一日終破三百元大關而下，該號會交出現金六七千両補價，共總虧折二百餘萬元，迄前（一一）日下午突告倒閉時，尚餘四萬餘両好倉，差價七十餘萬元，因不能對賑，與該號有關之倉家，所遭拖累頗為廣泛，聞大資中某大淡倉銀號，佔一萬二千餘両，另兩大銀號各佔七．八千両，此外一千両以上者達十餘家，至一般「炒友」，損失亦復頗鉅。

又：本版昨將永誠銀號誤植為「永成」銀號，及將港利銀號誤為「廣利銀號」特此鄭重更正，並致歉意。

對倉銀號！損失無法補償！

當年亦有傳聞香港將發行一千元面額鈔票，導致港府需於六月二十日發聲明予以否認。

而市民經歷軍票的損失，以及曾遭迫簽鈔票，和千元大鈔傳聞的困擾，加上不容易與門禁森嚴的銀行「打交道」，為了保值，紛紛購置金條、金粒、外國金幣，以及首飾用作保值。當年，亦時興裝鑲用黃金包裝的假牙，記得父母親亦有裝鑲。

一九四七年四月二十四日，為防外匯流失，當局禁止將黃金帶離香港。十一月二十八日，亦禁止黃金進口。市民若出售所持黃金，要依公價售予港府。當局亦同時定出牙醫購買黃金的限額。

一九四九年四月十四日，港府宣佈禁止買賣、借貸及持有黃金，市民及金飾商大感困擾，不知所措，各金舖決定停業三天，要求港府放寬禁令。

藏金手法層出不窮

一九四八年十一月七日，有澳門來客七十人，涉嫌穀道（肛門）藏金，即送往瑪麗醫院用Ｘ光檢驗。此外，當時亦有若干宗女性於陰道藏金被驗出的新聞。新聞標題為「無孔不入」。

全身都是金

不少市民喜購買黃金首飾以作裝飾及保值。亦曾目睹不少「由頭到腳都飾以黃金的男女」，包括髮簪、耳環、金牙、頸鏈、手鈪、袖口鈕、皮帶扣、鎖匙鏈扣、腳鏈鈪以至領帶夾等，金光閃閃，十分耀目及「搶眼」。

四月二十二日，副財政司指出，禁令只是對付大規模的投機炒賣，當局無意凍結市民存於銀行保險箱的黃金，或按戶檢查私有黃金。

再過一週後的五月三十日，已停市十多天的金銀業貿易場恢復買賣，但金條則由以往的純金改變為百分之九十四點五成色的「工業金」。俟後的近二十年，金銀業貿易場買賣的，都是百分之九十四點五成色金條。金銀業貿易場的金條被稱為「945金」一如目前的「99金」。

影響金價的波幅，主要為美元的匯率，一九四九年九月，港幣對美元的匯率為五點九七七一。一年後的九月，則為六點三八五，同時，其他主要貨幣的匯率則為：英鎊十五點七五，加元六。一九五〇年，人民幣的官訂牌價為：每港元可兌人民幣四百七十五元（後來經調整實為四點七五五分）。

一九五〇年，韓戰爆發，金價經歷大起大落，不少人發大財，但亦有不少人損手爛腳，金銀業貿易場，亦有「謀人場」的稱號。據老闆所描述有一兩間後來為大銀行的華資銀號，便是於這時發跡的。

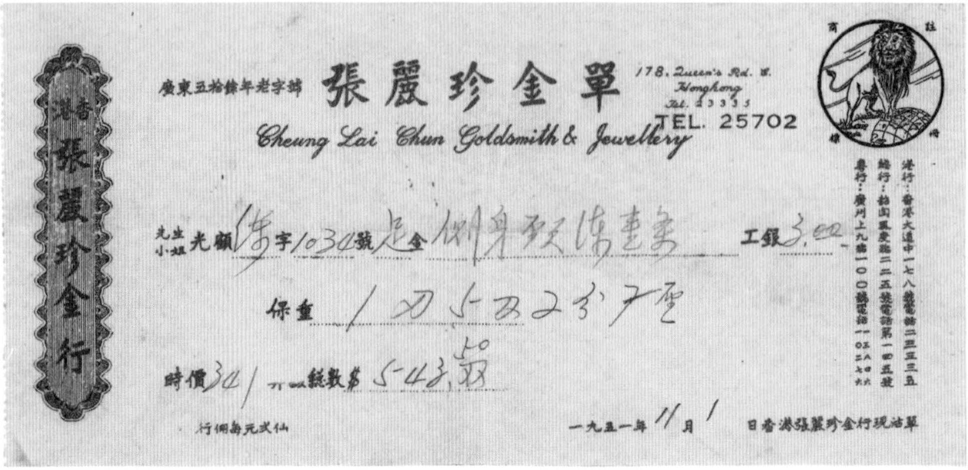

張麗珍金行的現沽單，一九五一年。金價每兩為三百四十七元，一條重一兩半的頸鏈之手工銀為三元，連同百分之二店佣共五百四十三點五元。該金行的東主張澤卿為民初的革命志士。金行的西鄰，依次為中藥行誠濟堂和二天堂。

一間位於上環「潮州巷」（香馨里）旁皇后大道西英信金行的現沽單，一九七二年。當年的金價已升至每兩港幣四百六十三元，一隻條花戒指（企）為五十九點六元。因不時往交收，可認識到金行老闆的杜先生。

戰事結束後，金價趨於平穩，往後的十多年，足金的價格一直維持於每兩約港幣二百六十五元的水平。

和平後的一九四〇年代後期，內地國幣大幅貶值，國內民眾爭相兌換於民國初期行用的一元銀幣，而以有袁世凱頭像的「袁大頭」最為吃香。一九四九年，內地政權易手後，大量銀幣用各種途徑運抵香港。一九五〇年，每枚銀幣的成交價約為港幣三元。

一九四〇年代後期，香港人口大增，為應付市民日常需要，政府於一九四八年起，大量發行一毫及五仙硬幣，以取代紙輔幣。一九五一年，再發行一種白鎳的五毫硬幣，困擾一段時期的輔幣荒，旋告舒緩。之前有不少找換店或店舖因囤積及炒賣一毫、五仙硬幣而遭當局處罰。

二叔公的試金石

兒時，亦見父母親戴有金戒指及鏈鈪，但當時生活困苦，為了周轉，這些金飾不時穿梭進出於各當舖。父親曾帶我進入一間位於荷李活道，公利竹蔗水舖對面的老牌「均安大押」，對於該押店的「二叔公」（朝奉）及裝潢，到現時仍有深刻的印象。

因當舖要收取十分昂貴，被形容為「雷公轟」（一如五雷轟頂）的利息，每當極需現金「救急」，要將金飾「忍痛割愛」時，父親會將首飾攜往「落爐」（將首飾熔成一塊以檢驗成色）套現。這些落爐舖主要集中於港島上環的弓絃巷，該條橫巷的大部分現時為住宅屋苑「荷李活華庭」。九龍區則集中於油麻地的廟街及吳松街。

落爐舖的掌櫃用試金石，一兩分鐘內便可測定黃金的成色，使我驚奇不已，亦對該行業產生濃厚的興趣。

一九四九年，報章上的黃金及外幣行情。

黃金跌風暫戢
市勢恍惚難望回升
美滙金單仍頹貢紙微起

（特訊）昨日黃金跌風稍戢，但走勢仍恍惚，早盤一度挺上二九三，午後復抑落二八六，比對隔日漲七點，可見人心仍飄忽。美金平淡，電匯低成四．九四至四．九一，頹勢似難反抗。國幣買賣疲乏，內涵市勢淡。西貢紙微而。

黃金早盤開拍二八九．七，開盤，揚高成二九三，旋又重落二八九，收盤收二八八．七五，午盤再跌二八八，五，最低抑至二八六，尾市略告小回，收盤二八七．二五。交收寫牌二四四〇兩，塢外八千餘兩。低息仍大至一毫四仙。金市淺固恍惚，其因：（一）早盤一度扯抬二九三價，乃因某大戶轉風溝低暖進二三萬兩，且若干淡倉散家亦相率了結，致挾起頹勢。（二）但午後金市復縮，因係一般「好倉」紛紛兼而吐出了結，人心實無抱握之趨向。（三）昨傳此間數大金商，擇訂出黃金一批，運至西貢交貨每兩港幣二六〇元，加上進口証及各項運費，即每十五元至十七元，即每兩成廣在二七〇——二七七元，故來貨尚有化算，金商及各兩面氣未淡。（四）外國金價類淡，換國內銷途遲滯，每日僅及二三千兩。澳門金價初成二八八，最高二九〇．五，最低二八五，收價二八六．五，低息二毫。金市走勢似難回昇，緣訂金來途成本減低，且外國銷路停滯，可能陷入疲局狀態。

美金續淡，電匯初成四．九四，最低四．九一，收盤四．九二。金單大額收成四．九一，最高四．九二五，收價四．九〇七五，小額四．九〇。美鈔最高五．四，最低五．〇二，昨美電成交略增，但市勢尚難回升。

國幣買賣淡慢，內涵疲弱，市價較前市略降。

西貢紙開盤一一四〇，市勢略小回，最高一一六五，收盤一一六二．五，交收一四萬，低息四毫。

洋行定貨押滙按金
銀行又再提高
由百份卅五增至百份之四十五

（國際社）據悉，本港之歐美貨品市道，最近因漸瀕旺月，較前稍告好轉，而一部份入口商號，爲謀將來市塲旺月之供應，亦已恢復向洋行定購歐美貨品，據悉，最近銀行方面，對于洋行向歐美廠家定貨之信用押滙按金，已一再增加，而以外資銀行所收之定貨信用押滙按金爲最高，計外資銀行以前所收之定貨信用押滙按金爲百份之五十，而最近則再由百份之五十而增至百分之七十五，至於華資銀行方面，對於洋行之定貨信用押滙按金，最近亦隨同外資銀行而提高，計以前華資銀行所收之定貨信用押滙按金，祇爲百份之三十五，現則再由百分之三十五而提高至百份之四十五，因此關係，故洋行對于入口商號之定貨按金，亦隨而提高，俾資彌補，以前行洋所收之定貨按金，多爲百份之二十五，現因銀行已增加定貨信用押滙按金關係，故各洋行對入口商號之定貨按金，大部份均提高至百份之三十五，或百份之四十云。又查外資銀行對于洋行之定貨信用押滙，向鮮經營，故一般洋行之向歐美廠家定貨，多趨于華資銀行，致華資銀行之業務，亦隨之而好轉云。

同年，有關港商行向外國商行訂貨，由香港華資銀行代支貨款（稱為「押滙」）按金由百分之三十五提高至百分之四十五的報章新聞。

一九五〇年代

我初懂人事時，所收到的新年利是，大部分是一毫或兩毫，間中亦有「斗零」（五仙）或白色五毫的，每年總有一封由「闊佬」（富有人家）所封的一元鈔票，可見「女皇頭」的綠色一元，亦曾見綠色或紫、藍色的「男皇頭」（喬治六世）的「一蚊雞」。我亦十分「生性」，收到五毫及一元利是，便立即「上繳」給父親的。

每月，要帶五元或十元鈔票回校交學費，當時的鈔票為「大棉胎」型，滙豐的十元是綠色、渣打的是紅色。一百元的滙豐鈔票是紅色，渣打的是綠色，導致不少人產生混淆而遭受損失。

考車牌尚差三呎半

一百元被稱為「紅衫魚」，為普羅市民一個月的薪金，因其長度近一英尺，所以又被稱為「一尺水」。當時有一膾炙人口的傳說為：當「考車牌」，即「駕駛考驗」完畢時，「考牌官」會對考生說剛才的泊位尚差三尺，或三呎半，若考生「醒目」，乖乖地奉上三張「紅衫魚」及五張「青蟹」，則獲「PASS」，否則，就會「肥佬」（FAIL）。

一九五〇年代中，因流通量較大的滙豐十元鈔票為綠色，被稱為「青蟹」，一張「青蟹」恰好為一個月的小學學費，或是一張床位的租金。父親不時帶齊一家五口往茶樓吃「四和菜」晚飯，消費恰巧亦為十元「青蟹」一隻。

一九六〇年代

一九五九年起，滙豐和渣打銀行開始發行五元、十元及一百元的新鈔，體積約為「大棉胎」的百分之七十。一年後，政府發行一元的硬幣，以取代一元鈔票，此硬幣被稱為「大餅」，數量稍多時即會令到褲袋不勝負荷，甚至穿洞。由當年起，利是的「公價」亦為一個「大餅」。很多小朋友，用一元在滙豐銀行開立一儲蓄戶口，並用一元購買一個該銀行大廈型的塑膠儲蓄箱，此為不少人的「集體回憶」。

一九六四年底，用作封利是的五仙及一毫硬幣，英國鑄幣廠只鑄成少量，不能滿足需求，港府印製一批女皇頭像的五仙及一毫鈔票。當年收到此等「軟嘢」利是，初則大喜，繼而大失所望。因為鑄量稀少，有一九六四年年份的五仙硬幣，現時成為每枚值二、三千元的罕品。

一九六〇年代中，除美元、英鎊及澳元外，亦有大量東南亞鈔票，包括呂宋紙（菲披索）、坡紙（新加坡元）、叻幣（馬來西亞及汶萊元）、印尼盾、金邊紙（柬埔寨幣）、暹羅（泰國）紙、西貢紙（南越幣）、胡志明（北越）幣和寮國（老撾）紙等。

一九六五年，一新加坡或馬來西亞元均兌二港元，一菲律賓披索兌一元五毫，一英鎊兌十六元，一美元兌六港元，一澳洲或紐西蘭鎊兌十二港元（一九六六年，澳洲鎊及紐西蘭鎊分別拆為二澳元及二紐元）、一百澳洲元兌六百港元。

直到一九六〇年代初，包括：英、美、加、法、澳洲、荷蘭、印尼、馬來亞、菲律賓以至南非等的大部分國家之流通硬幣，皆為銀質。而當時該等硬幣之含銀量價值，已超越其面值由一倍至二、三倍不等。不少頭腦

軟嘢升格為五元

由當時起，「軟嘢」的利是「升格」至五元，偶爾收到一封五元的利是，則喜出望外。當時，渣打銀行的五元鈔票亦為綠色，若干小朋友將其當一元鈔票花掉，事後想起則大嘆「走寶」。到了一九六〇年代後期，渣打的五元鈔才依次改印為橙色及棕黃色。

廢鈔也炒熱

當時東南亞的政治局面，可用「千變萬化」來形容，鈔票不時因政治原因或政權更迭而貶值，甚至作廢而變為廢紙。曾見老闆將部分廢鈔撕至粉碎以洩憤，可是，部分印刷精美的寮國廢鈔，現時卻成為拍賣場上的熱門品。

靈活的商人及船員，在各國當地兌換及搜購，運至無外匯管制的香港出售。部分被用作銀器材料，大都被熔掉「毀屍滅跡」，運往英國或瑞士，化煉為純銀在當地市場出售。亦有國家直接購入部分銀幣，改鑄為該國的紀念幣。包括美國的多個國家，由一九六五年起，便停止用白銀鑄造流通的硬幣。

我工作的公司亦曾收買此種銀幣，一度獲得豐厚的盈餘，老闆因此派發巨額花紅予各職員，我亦曾在連續多年，獲得比年薪多約一倍的花紅，欣喜莫名。

六、七十年代，公司亦經營外國的金幣，主要為美國的五至二十元、英國的一鎊，此外還有法國及墨西哥所使用者。

捉銀虱

當時，亦有不少「單打獨鬥」的外匯和金銀經紀，穿梭往來各銀號、銀行以至金舖之間，捕捉各行號間之匯率及商品之高低差價而獲利，被稱為「捉銀虱」。由於他們的消息靈通，銀行銀號間亦依賴他們作互通有無或「套戥」的服務。記得永亨及永隆銀行，以及昭泰等銀號，亦曾各有一位衣唐裝衫褲的經紀「長駐」。該等銀行有一供客戶使用的電話，亦變相為這等經紀的「專用電話」。

一九六五年銀行擠提，跟着是一九六六和一九六七年的騷動後，不少人將存款購買黃金、美元或英鎊，存放於銀行保管箱。

自一九三五年起，港幣與其掛鈎及作為儲備貨幣的英鎊，於一九六七年十一月二十日宣佈貶值百分之十四點三，港幣亦追隨，銀行需停業一天調整匯率。市民為之震驚，百物隨即加價，為和平後所罕見。我亦趕往購買衣物和日用品。

兩天後的十一月二十三日，港府宣佈只貶值百分之五點七，市民及工商界之不安情緒略減。稍後，港府將掛鈎的貨幣由英鎊改為美元。

一九七〇年代

一九七一年十二月十八日，美元再宣告貶值，最低時可用四港元兑換到一美元。不少人用一美元的鈔票封利是以代替「軟嘢」的港幣五元。可是，收到一美元利是者，要往銀行兑回港幣，而且要扣手續及釐印費，收利是者真是哭笑不得。

由一九六八年中起，所有外幣找換皆要貼印花徵稅，每百元徵二點五元，最低徵費為二十五仙。因稅局不時派員來抽查，我亦須負責購買保管和處理印花票，不能出錯。

因美元貶值引致世界財政危機，不少人搶購黃金，以致金價狂漲。

美國原來訂定可用三十五美元的官價，兌換一安士黃金。到了一九七一年八月十五日，宣佈美元停兌黃金，於是美元在國際上的聲望，大為下降。俟後，黃金的升勢如脫韁之馬，價格屢創新高。

一九七四年二月，黃金因中東石油危機而漲破每兩一千港元的大關。不少人湧往金舖及銀行，搶購一兩裝的金粒和五兩裝的金條。

我的五十兩黃金

一九六九年，我亦曾購入五十兩黃金，每兩約三百元。首次擁有五十粒金光閃閃，圓形而中間有孔的黃金，存放於銀行保管箱內，心裏有一種莫名的滿足感。但於稍後全部沽出，用作投資股票。

一九七五年，港府發行一款一千元面額的金幣，以紀念英女皇訪港。

由一九七六至一九八七年，港府亦發行十二款農曆年生肖紀念金幣，我每次都有認購。記得一九八〇年發行猴年金幣時，索取申請表格的輪候人龍，由滙豐銀行皇后大道中的一端，一直伸延至雪廠街，以至德輔道中有兩隻銅獅的另一端，十分「墟冚」。當時生肖金幣的市價，較發行價格高出一倍，因有大利可圖，申請者十分踴躍。

一九七七年起，滙豐銀行開始發行被稱為「金牛」的一千元鈔票。渣打亦於一九七九年跟着發行，因有龍形圖案，被稱為「金龍」。滙豐的則有獅子，又被稱為「金獅」。

一九七五年八月，當局發行扇形的二毫及二元硬幣。一年後，再發行十角形的五元硬幣，以取代五元紙幣。俟後，「軟嘢」的利是，由五元改為十元。此種五元硬幣的設計，沒有保險坑槽，很容易被偽冒。亦有不法之徒將一元硬幣壓削成十角形，偽冒作五元，不少市民上當被騙。稍後，當局更改設計為有保險坑槽的圓形者。

蓮香樓的月餅價目表，二〇一八年，相對一九七六年，價格再有八、九倍的升幅。

得男茶室的一毫面值茶禮券，一九六〇年代。一九七〇年代後期發生輔幣荒，此種茶禮券大派用場。

一九七八年中，輔幣短缺，當局推出大量一、二毫，但仍供不應求，不少茶樓和商店，用一、二毫郵票作找贖零錢。亦有茶樓印製代用券作找贖，茶客可用以換購餅食，或於下次光顧時使用。亦可用作「供月餅會」。

不過，被稱為「斗零」的五仙輔幣因用途不大則不愁短缺。可是於一九六六年，一場連續多日發生於九龍的示威和騷動，是因天星小輪頭等因加價「斗零」而引起的。當時的超級市場，仍有零點九五至九點九五的報價，郵票仍有十五仙、二十五仙及六十五仙。一九七九年後，當局停止鑄造五仙硬幣。

「斗零」之名

「斗零」的名稱，是源於五仙銀幣白銀的重量為三分六釐。

根據內地果菜欄的營業「暗語」（代名詞），「一二三四五六」為「之辰斗馬蘇零」，重三分六釐的銀幣簡稱為「三六」，再轉為暗語的「斗零」。另一有趣者為女士「高跟鞋」鞋踭底端的大小面積，亦一如斗零，高跟鞋踭亦因而被稱為「斗零踭」。

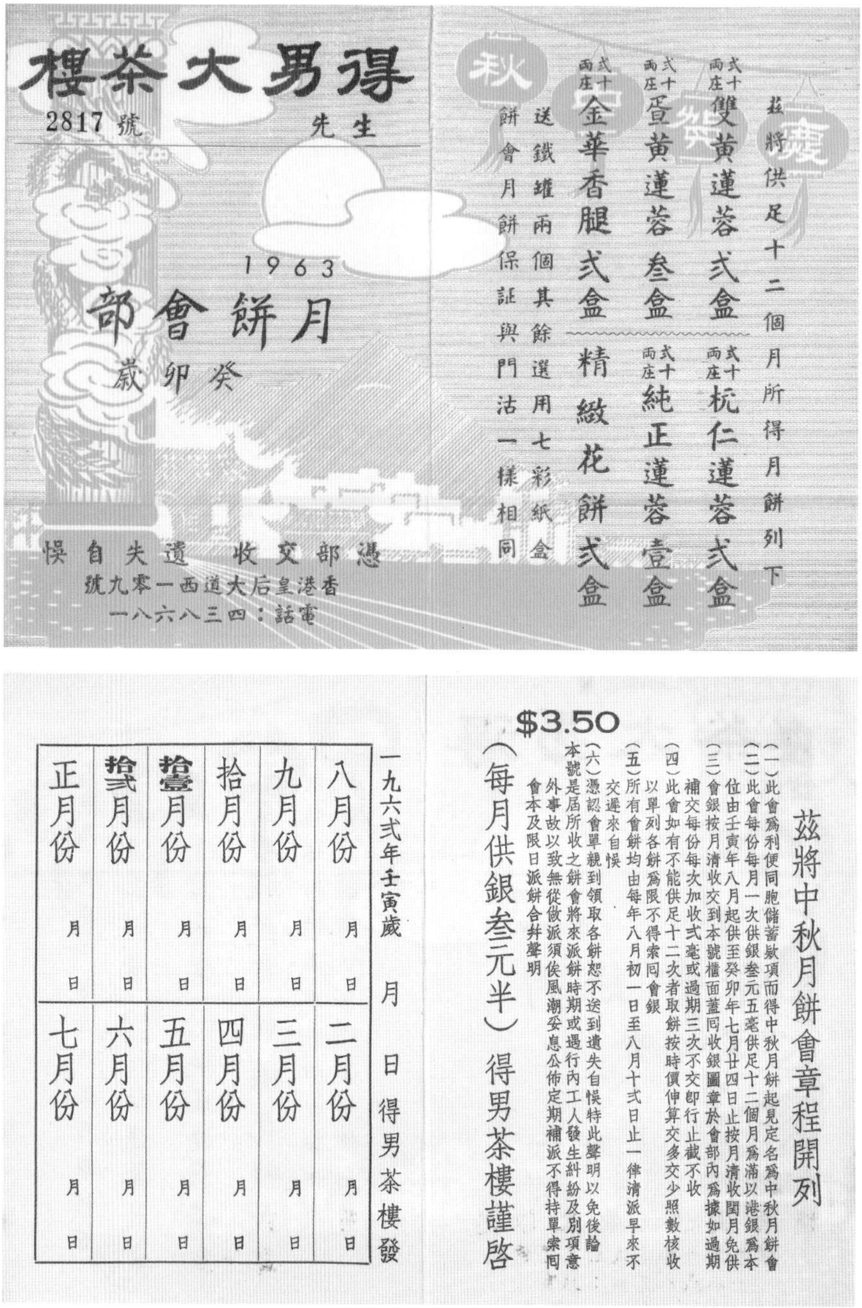

得男大茶樓

2817號　先生

1963

月餅會部

癸卯歲

憑部交收　遺失自悞

香港皇后大道西一零九號

電話：四三八六八一

茲將供足十二個月所得月餅列下

式十兩庄 雙黃蓮蓉式盒

式十兩庄 叠黃蓮蓉叁盒

式十兩庄 金華香腿式盒

式十兩庄 杬仁蓮蓉式盒

式十兩庄 純正蓮蓉壹盒

精緻花餅式盒

送鐵罐兩個其餘選用七彩紙盒

餅會月餅保証與門沽一樣相同

一九六弍年壬寅歲　月　日　得男茶樓發

八月份　月　日	二月份　月　日
九月份　月　日	三月份　月　日
拾月份　月　日	四月份　月　日
拾壹月份　月　日	五月份　月　日
拾弍月份　月　日	六月份　月　日
正月份　月　日	七月份　月　日

茲將中秋月餅會章程開列

(一)此會為利便同胞儲蓄欵項而得中秋月餅起見定名為中秋月餅會

(二)此會每份每月一次供銀叁元五毫供足十二個月為滿以港銀為本位由壬寅年八月起供至癸卯年七月廿四日止按月清收閏月免供

(三)會銀按月清收交到本號櫃面蓋回收銀圖章於會部內為據如過期補交每份每次加收弍毫或過期三次不交即行止截不收

(四)此會如有不能供足十二次者取餅按時價伸算交多交少照數核收以單列各餅為限不得索回會銀

(五)所有會餅均由每年八月初一日至八月十弍日止一律清派早來不交遲來自悞

(六)憑認會單親到領取各餅恕不送到遺失自悞特此聲明以免後論

本號是居所收之餅會將來派餅時期或遇行內工人發生糾紛及別項意外事故以致無從做派須俟風潮妥息公佈定期補派不得持單索回會本及限日派餅合并聲明

$3.50

(每月供銀叁元半)得男茶樓謹啓

西營盤得男茶樓「月餅會」的供款摺，一九六三年。每月供銀三元半，供足十二個月可得月餅十盒。

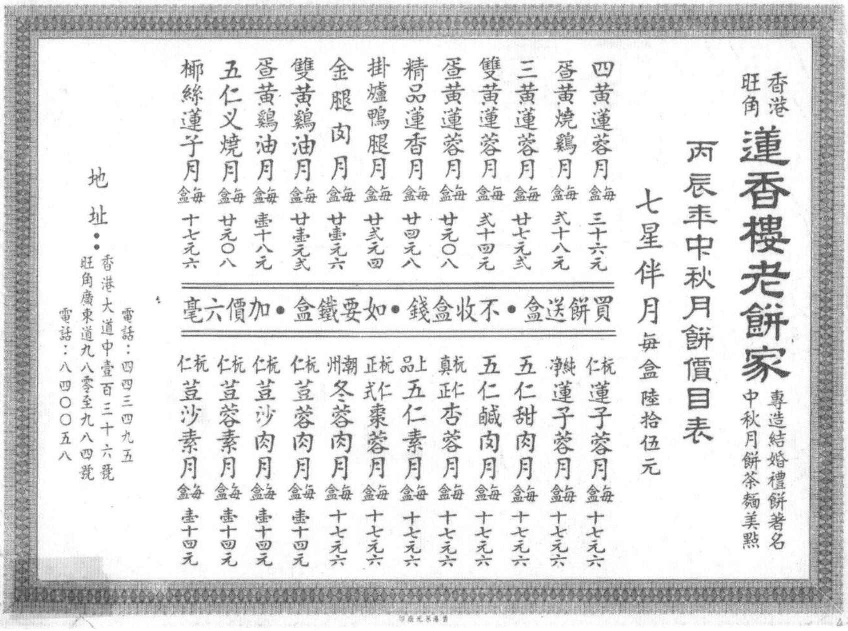

香港
旺角
蓮香樓老餅家
專造結婚禮餅著名
中秋月餅茶麵美點

丙辰年中秋月餅價目表

七星伴月 每盒陸拾伍元

四黃蓮蓉月	每盒	三十六元
蛋黃燒鷄月	每盒	貳十八元
三黃蓮蓉月	每盒	廿七元貳
雙黃蓮蓉月	每盒	貳十四元
蛋黃蓮蓉月	每盒	廿元〇八
精品蓮香月	每盒	廿四元八
掛爐鴨腿月	每盒	廿貳元四
金腿肉月	每盒	廿壹元六
雙黃鷄油月	每盒	廿壹元貳
蛋黃鷄油月	每盒	壹十八元
五仁义燒月	每盒	廿元〇八
椰絲蓮子月	每盒	十七元六

買餅送盒・不收盒錢・如要鐵盒・加價六毫

杭仁蓮子蓉月	每盒	十七元六
純淨蓮子蓉月	每盒	十七元六
五仁甜肉月	每盒	十七元六
五仁鹹肉月	每盒	十七元六
杭真仁正杏蓉月	每盒	十七元六
上品五仁素月	每盒	十七元六
杭正仁式棗蓉月	每盒	十七元六
潮州冬蓉肉月	每盒	十七元六
杭仁荳蓉肉月	每盒	壹十四元
杭仁荳沙肉月	每盒	壹十四元
杭仁荳蓉素月	每盒	壹十四元
杭仁荳沙素月	每盒	壹十四元

地址：香港大道中壹百三十六號 電話：四四三四九五
旺角廣東道九八零至九八四號 電話：八四〇〇五八

皇后大道中一三六號蓮香樓的月餅價目表，一九七六年。相對約十年前，月餅價格已有五、六倍的升幅。

一九八〇年代

可是，當局曾於一九八八年發行硬幣套裝，使人驚奇的是內附一枚一九八八年的「斗零」（五仙），因而大受歡迎瞬即被搶購一空。

一九九〇年代初，超級市場終於取消所有「斗零」的報價，「斗零」行用的時期，從此宣告結束。

一九八〇年，當局曾定鑄一批五仙輔幣，但最後被熔掉，只餘下兩枚作記錄。我有幸於二〇〇〇年獲知此消息，並同時目睹並曾手持這兩枚「斗零」。

因內地實施改革開放，由一九七九年起，大量中國銀錠、銀器以及中外銀幣，從各種途徑運至本港，當中部分為過往難得一見的。

購金心得

二〇〇四年，我認為當時三百美元的呆滯金價，（導致「十年黃金變廢鋼」這「名句」的衍生）已維持了二十多年，應該有機會向上衝，於是，用約港幣一千二百元一枚的價格，購入不同年份的香港金幣多枚作收藏。這為「風險有限」的投資，因為若金價向下，也不會「跌破」一千元的面值，若金價上升，金幣的價格亦會跟隨，現時金價為一千三百美元一安士，已為三百美元的四倍多。這批金幣，除可作為收藏品欣賞，亦可大幅增值，十分划算。

因數量太多，導致不少罕品價格，急促下跌。大量本地及海外藏家和錢幣商，紛紛往各銀號和錢幣店搜購。

除銀幣及銀器外，當時流至香港的，還有內地的藥材、補品，如石斛、冬蟲草、雪蛤膏以至淡水珍珠等。內地人士將此等物品套現，以購買文具、手錶和電器用品。曾目睹用大麻袋裝載的冬蟲草，一九八〇年每兩只售約港幣一百元，相對現時每兩以二萬多元計，是十分廉宜的。亦有部分人士購買金條和金飾帶回內地。一九七九年，金價由每兩港幣從年初的一千三百元，漲升至年底的三千多元。一九八〇年，曾升至四千七百元以上。

金價上升，導致一間位於彌敦道，茂林街口大華戲院旁的「謝利源金舖」，於一九八二年九月六日突然停業。此以「作風新、字號老」為標榜的金舖，首創「千足黃金儲蓄服務」（即變相印行「紙黃金」）。停業後，二千多

財政出現問題人心虛怯

一九八四年，有不少人士，拋售樓宇及舖位，移民海外。有一位菲籍華人客戶告知我們的老闆，他說用了約五百萬港元，一口氣購入三層，位於半山區「愛都大廈」的高級樓宇。同時，亦有若干間銀行，因財政出現問題，被政府接管，人心更加虛怯。當年，有部分位於屯門及元朗的樓宇，每層只售五萬至八萬元不等。

名「紙黃金券」的持有人，紛向警署報案及往消費者委員會投訴。

經此一役，不少投資者改購實金，以及購買或購存滙豐銀行所經營的「滙豐金」。

同時，英國首相戴卓爾夫人訪華後，中英就有關香港問題的談判開展。一九八三年九月，美元兌港幣的滙率急升至近十港元。為了保值，大批市民蜂擁往各超級市場搶購米、罐頭及廁紙等日用品，當市區的被搶購一空後則乘小輪往愉景灣等離島的超市搶購。

早於一年前，因美國大幅度加息，本港亦跟隨，加上香港前途不明朗，股市和地產價格不斷下瀉，財經界人士用「一潭死水」來形容當時的局面。

金王胡漢輝

際此人心惶惶、社會動盪的局面，為了穩住香港，金銀業貿易場理事長，以及香港聯合交易所主席，被尊稱為「金王」的胡漢輝先生，在其私邸宴請中國銀行行長蔣文桂，和港府財政司彭勵治。後二人經磋商後，促成了以七點八港元兌換一美元的聯繫匯率之制訂，紛亂的金融及外匯市場，旋即趨於穩定。可惜胡先生於兩年後病逝，實為香港社會一重大損失。

金銀低潮是收藏良機

在這低潮時，每枚清朝及民初的一元銀幣約為三十至六十港元，我視為收藏的良機，一有餘錢便往購買。

一九八四年十二月十九日，中英簽署〈中英關於香港問題的聯合聲明〉後，信心恢復，股市及地產均有頗大的升幅，新界的發展亦全速進行。

一九八三年，港府發行豬年金幣，因市面不景而未能全數售出，有部分被熔掉。現時，豬年金幣為價昂罕幣之一。

二〇〇〇年代

國際金價及銀價，經過一九八〇年的新高價格後，一直在低價徘徊。直到二〇〇四年，每安士金價約為二百五十至三百美元，銀價則為五至十美元。

至於香港金幣亦一如金價，長時期處於低潮。到了二〇〇三年，「沙士」襲港期間，大部分金幣的成交價為一千一百至一千二百元，只為普通裝及精裝金幣官定認購價的二分之一和三分之一，有人甚至將其持往銀行，照面值一千元存入戶口，令銀行職員也感錯愕。其實，當時每枚金幣的含金量價值，已為一千一百元（每安士的國際金價約三百美元）。

第三章

股市中浮沉

中環心臟地帶，約一九五五年。正中之港督府的左面是銀行區，右方是英軍營及海軍船塢。前方的是俗稱兵頭花園的香港植物公園。

一九六三年的中環銀行及商業區。興建中文華酒店的前端正進行填海，新填地上後來興建康樂（怡和）大廈及交易廣場。這一帶包括中國、滙豐、渣打、恒生、永隆等銀行，以及置地、怡和、利豐等洋行，還有希爾頓和文華酒店，皆為熱門的上市公司。

一九六六年的銀行區。已見一九六二年及一九六三年依次落成的希爾頓及文華酒店，一九六五年重建落成的新太子行。滙豐銀行的左端由法國東方匯理銀行改建的恒昌大廈。

一九七三年初的維港兩岸，置地公司興建，即將落成的康樂（怡和）大廈。數月後，金銀證券交易所亦由大生銀行大廈遷至此，因交易所「衍生」不少股票「大閘蟹」，康樂大廈因而有「蟹籠」的「別名」。當年，大廈的前方，以及後方的九龍倉，皆為置地公司的「王國」。

正在興建中的交易廣場，約一九八五年。

SPECIAL LOTS
SELLING

香港證券交易所位於公爵行的交易大堂，約一九七〇年。正中坐位背後掛洋服者是該交易所的主席施玉瑩。

大批股民觀看設於公爵行雪廠街一端香港證券交易所的股票報價牌，約一九七三年。直至當年的一段長時期，「去雪廠街」為炒股票的代名詞。

一直皆為富裕階層活動場所的股票市場，有成立於一八九一年，以外籍人士為主的「香港股份總會」（Hong Kong Stock Exchange），以及成立於一九二一年，華人為主的「香港股份經紀會」（Hong Kong Share Brokers' Association）。兩家交易所皆於一九四一年戰雲密佈時開始停業。

停業時段包括整段淪陷時期，以及和平後的一年多。到了一九四七年三月一日，兩間分別由中外人士主導的交易所，合併為「香港證券交易所」（Hong Kong Stock Exchange Ltd.）。而停頓了五年多的股票交易，亦同時恢復。不過，在淪陷期間以至和平後的一九四六年，有很多不經交易所（稱為「黑市買賣」）的成交。

當時的股票每日的成交總額，由六十萬元至一百萬元不等，曾有若干日達到三百萬元。當時的熱門股有：滙豐銀行、於仁燕梳、亞洲航業、九龍倉、大酒店、置地公司、港燈、九燈、電話、青洲英坭、牛奶公司及屈臣氏等十多間機構。

其他掛牌公司還有：東亞銀行、均益倉、聯益倉、電車、會德豐，以及若干間橡膠廠、紗廠及船塢等的股份。

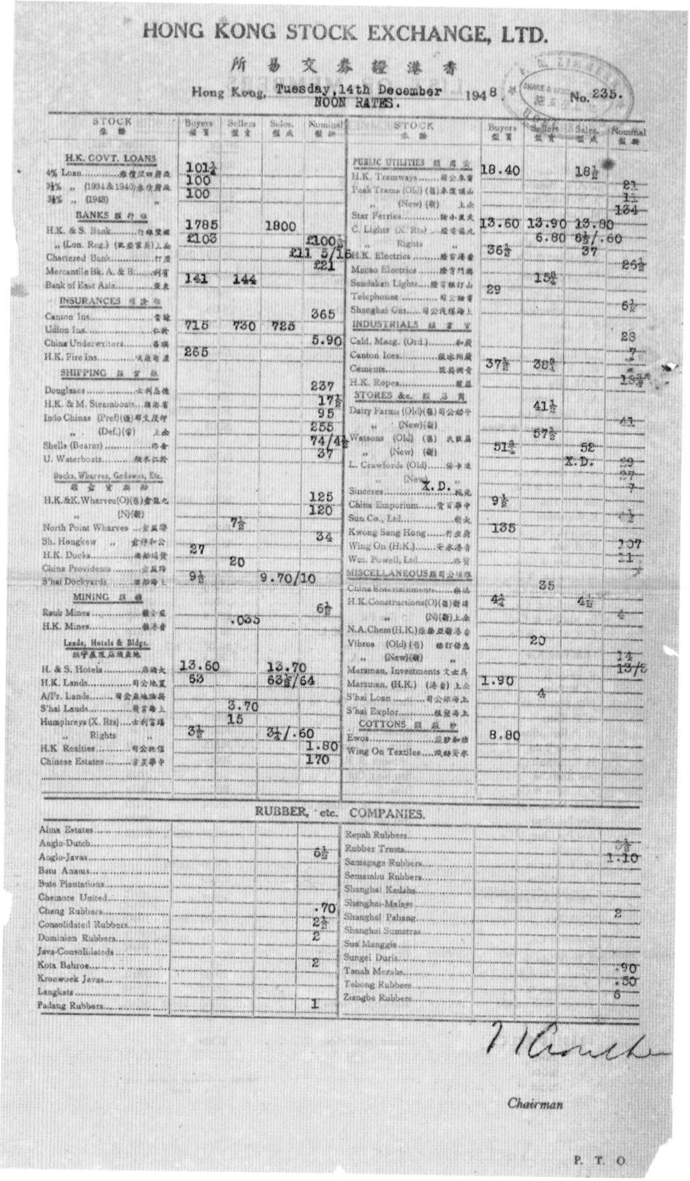

HONG KONG STOCK EXCHANGE, LTD.

香港證券交易所

Hong Kong, Tuesday, 14th December 1948. No. 235.
NOON RATES.

STOCK	Buyers	Sellers	Sales	Nominal
H.K. GOVT. LOANS				
4% Loan	101¼			
3½% „ (1934 & 1940)	100			
3½% „ (1948)	100			
BANKS				
H.K. & S. Bank	1785		1800	
„ (Lon. Reg.)	£103			£100½
Chartered Bank				£11 5/16
Mercantile Bk. A. & B.				£21
Bank of East Asia	141	144		
INSURANCES				
Canton Ins.				365
Union Ins.	715	730	725	
China Underwriters				5.90
H.K. Fire Ins.	265			
SHIPPING				
Douglases				237
H.K. & M. Steamboats				17½
Indo Chinas (Pref)				95
„ (Def.)				255
Shells (Bearer)				74/4½
U. Waterboats				37
Docks, Wharves, Godowns, Etc.				
H.K.&K. Wharves (O)				125
„ (N)				120
North Point Wharves		7½		
Sh. Hongkew „				34
H.K. Docks	27			
China Providents		20		
S'hai Dockyards	9½		9.70/10	
MINING				
Raub Mines				6½
H.K. Mines		.035		
Lands, Hotels & Bldgs.				
H. & S. Hotels	13.60		13.70	
H.K. Lands	63		63½/64	
A/Fr. Lands				
S'hai Lands		3.70		
Humphreys (X. Rts)		15		
„ Rights	3½		3¼/.60	
H.K Realties				1.80
Chinese Estates				170

STOCK	Buyers	Sellers	Sales	Nominal
PUBLIC UTILITIES				
H.K. Tramways	18.40		18½	
Peak Trams (Old)				21
„ (New)				1½
Star Ferries				134
C. Lights (X. Rts)	13.60	13.90	13.80	
„ Rights		6.80	6½/.60	
H.K. Electrics	36½		37	
Macao Electrics				25½
Sandakan Lights		15¾		
Telephones	29			
Shanghai Gas				6½
INDUSTRIALS				
Cald. Macg. (Ord.)				28
Canton Ices				7
Cements	37½	38¾		
H.K. Ropes				15¾
STORES &c.				
Dairy Farms (Old)		41½		
„ (New)				41
Watsons (Old)		57½		
„ (New)	51¾		52	
L. Crawfords (Old)			X.D.	29
„ (New) X.D.				27
Sinceres				7
China Emporium	9½			
Sun Co., Ltd.				4½
Kwong Sang Hong	135			
Wing On (H.K.)				107
Wm. Powell, Ltd.				21
MISCELLANEOUS				7
China Entertainments		35		
H.K. Constructions (O)	4¼		4½	
„ (N)				4
N.A. Chem (H.K.)				
Vibros (Old)		20		
„ (New)				1¼
Maraman, Investments				13/8
Marsman, (H.K.)	1.90			
S'hai Loan		4		
S'hai Explor				
COTTONS				
Ewos	8.80			
Wing On Textiles				

RUBBER, etc. COMPANIES.

Stock	Buyers	Sellers	Sales	Nominal
Alma Estates				
Anglo-Dutch				
Anglo-Javas				6½
Batu Anams				
Bute Plantations				
Chemore United				
Cheng Rubbers				.70
Consolidated Rubbers				2½
Dominion Rubbers				2
Java-Consolidateds				
Kota Bahroe				2
Kroewoek Javas				
Langkats				
Padang Rubbers				1

Stock	Buyers	Sellers	Sales	Nominal
Repah Rubbers				
Rubber Trusts				3⅛
Samagaga Rubbers				1.10
Semambu Rubbers				
Shanghai Kedahs				
Shanghai-Malays				
Shanghai Pahang				2
Shanghai Sumatras				
Sua Manggis				
Sungei Duris				
Tanah Merahs				.90
Tebong Rubbers				.50
Ziangbe Rubbers				6

Chairman

P. T. O.

香港證券交易所的成交報價表，一九四八年十二月十四日，由「施玉瑩經紀行 F. R. ZIMMERN」派發。從報價表背面所示，當時共有經紀五十五名，知名經紀有包括油蔴地小輪船公司主席的劉德譜、青洲英坭公司的球槎 CROUCHER、砵士 POTTS 及莫應基等。球槎、砵士、施玉瑩及莫應基四人，分別於一九四〇、六〇、七〇及八〇年代任該交易所的主席。報價單所列，有成交的股票，只有滙豐銀行、均益倉、大酒店、置地公司、電車公司、天星小輪、九龍燈及屈臣氏。

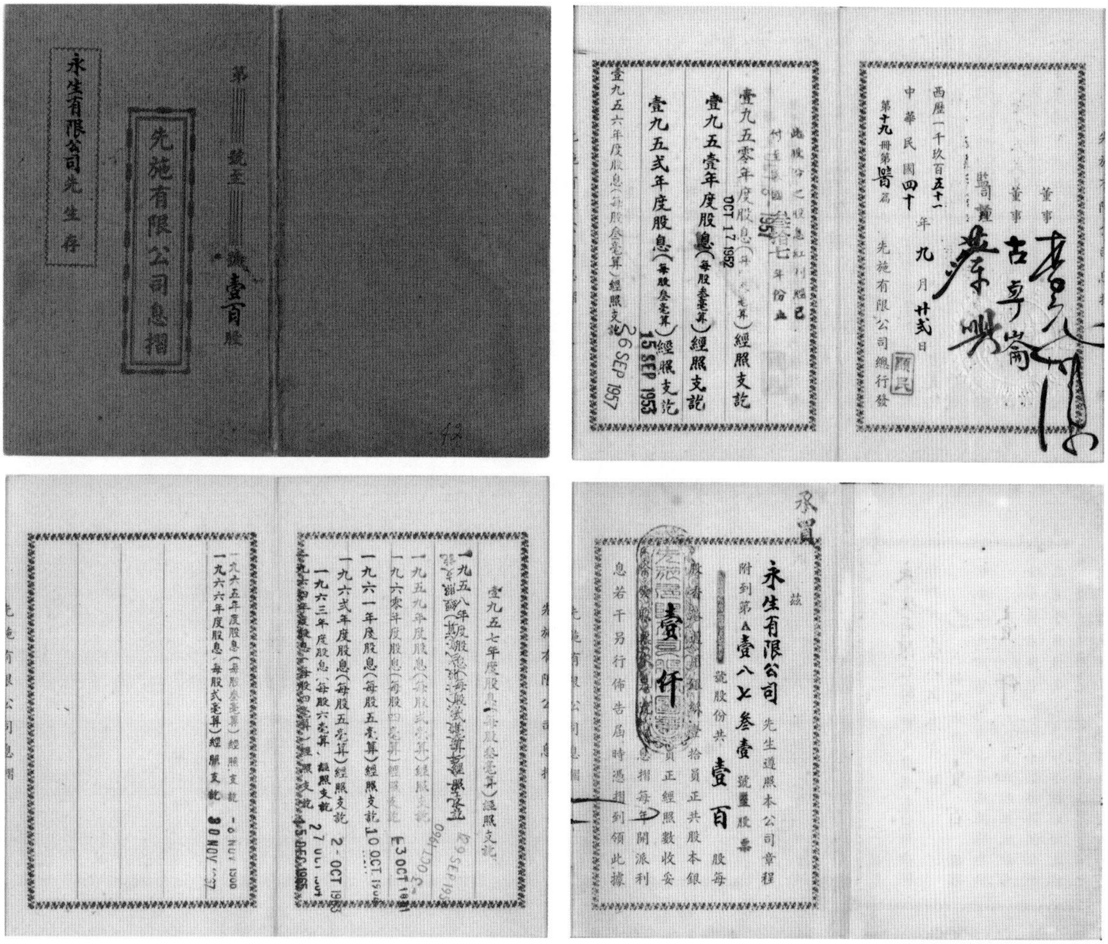

先施百貨公司，供股東收取股息的「息摺」，於一九五一年發出。我亦曾持有先施的股票，是用毛筆寫上中文姓名，十分剛勁。

由雪廠街西望皇后大道中，約一九五二年。右方為落成於一九五〇年，頂樓設有香港證券交易所的公爵行。左方為位於都爹利街口的中和行，一年前為中國銀行的行址。

當時有一外籍股票經紀 F. M. ELLIS，根據十二種熱門股票的上落波幅，編製一「ELLIS 指數」，以一九四六年底（當時尚為「黑市」買賣）的成交價，基數為一百點，由一九四七至四九年的兩年多期間，最高為一百五十五，最低為一百二十三，指數因 ELLIS 先生的辭世而於一九四九年底終止。

一九五〇年代

一九五〇年，受到內地政局及韓戰的影響，股價下跌，部分股票跌價一半。不過，多家公司業績仍有增長，派息優厚，如滙豐銀行每股成交價一千四百五十元，全年股息派九十元，很受股東的歡迎。

同年，交易所由雪廠街的顯利大廈（又名：「經紀行」或「交易行」）遷往皇后大道中與雪廠街交界，剛落成的「公爵行」九樓。迄至一九七〇年代初，雪廠街，又被稱為「鱷魚潭」，乃是證券交易所的代名詞。

一九六〇年代，有一上市公司「萬國企業」，稍後易名為「和記企業」，被稱為「小股王」，於一九七七年與黃埔船塢合併而易名為「和記黃埔」。

鮮橙汁
大興餅家

約一九五五年的香港仔湖南街。正中城都道包括海面一帶為黃埔船塢，於一九七〇年代中改建為屋苑「香港仔中心」。

一九六〇年代

當年，身為「股民」的公司老闆及同事，往往因股市的升跌而露出「喜怒哀樂」的神情，但因股市整體是上漲居多，他們的表情亦多為喜悅。例外的是一九六七年的年中，股市因社會騷動而於五月及六月各停市兩星期，而股價亦受到影響而下瀉。

一九六八年起，市面漸趨平靜，人心亦稍定。當年，置地公司宣佈收購原名「九龍商業中心」的「星光行」。九龍倉亦陸續拆卸其比鄰的貨倉，以興建酒店、戲院、商業樓宇和商場的「海港城」，人心受到刺激，股市亦由谷底開始反彈。

和平後，新掛牌上市的股票不多，較顯著的有一九五四年的南洋紗廠、一九五九年的太古船塢、一九六一年的九龍汽車及怡和洋行，還有一九六五年的香港飛機工程公司等。

現時仍有成交的南洋紗廠，原位於馬頭角道的廠房，在一九五〇年代後期拆卸，開闢由龍圖街至鶴齡街等的十一條新街道，在兩旁興建多座住宅樓宇。太古船塢亦於一九七〇年代中起改建為太古城，掛牌公司的名稱則更改為太古洋行。

一九六九年，有多家新股上市，包括擁有希爾頓酒店的永高公司、南聯實業、環球電子、凱聯酒店以及太古實業，當中以被稱為「太古仔」，經營汽水等業務的太古實業超額認購四十八倍最「墟冚」。

一九六九年底，因成交額大增，股票往往不能完成交收，交易所宣佈由十一月起，暫停下午交易，即每天的交易時段只為上午十時至中午十二時三十分止。到了十一月二十四日，才恢復由二時三十分至三時三十分的午市。

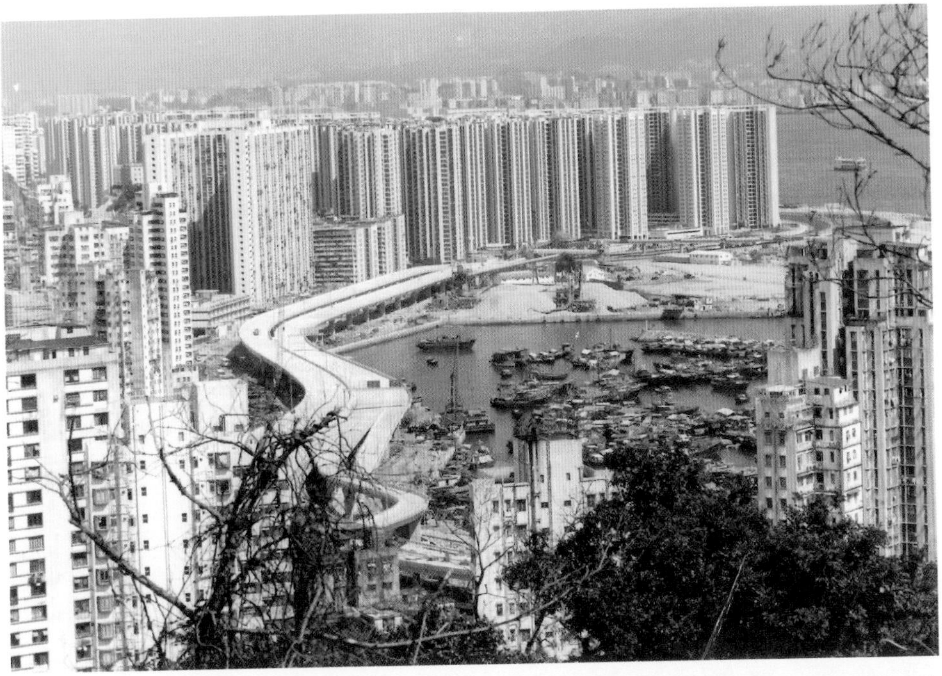

約一九八〇年的筲箕灣，正中為太古洋行由船塢發展而成的住宅群「太古城」，其左方為置地公司興建的「太安樓」。正中的填海地段稍後興建香港電影資料館和住宅屋苑「鯉景灣」。

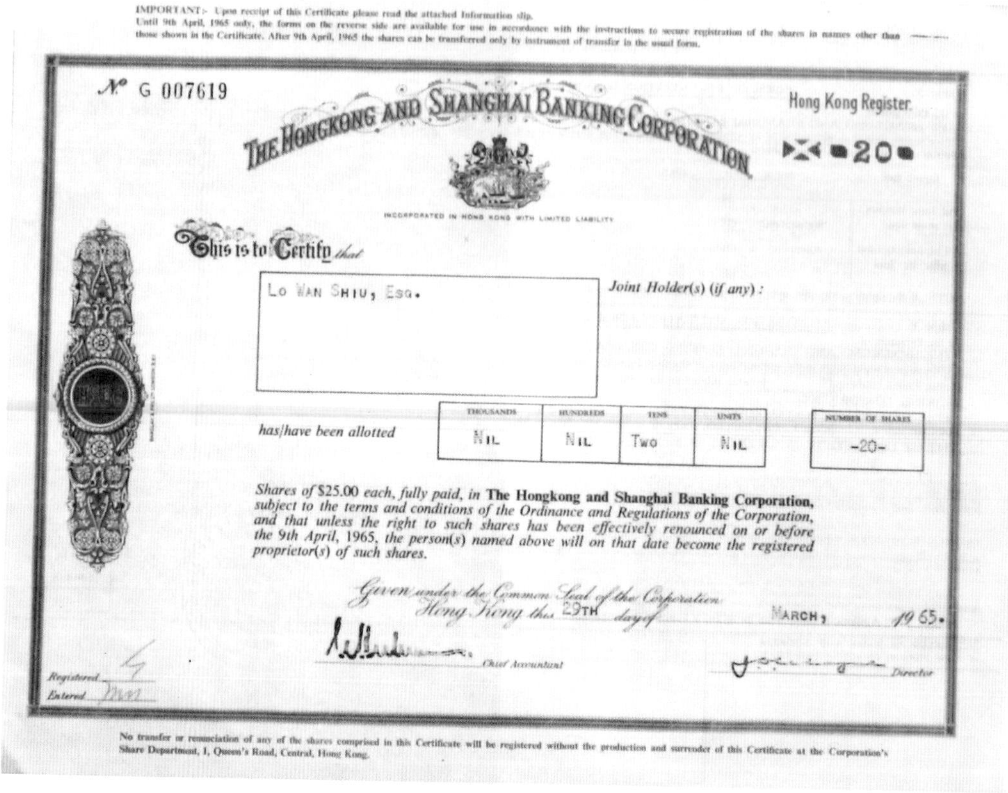

IMPORTANT:- Upon receipt of this Certificate please read the attached Information slip.
Until 9th April, 1965 only, the forms on the reverse side are available for use in accordance with the instructions to secure registration of the shares in names other than those shown in the Certificate. After 9th April, 1965 the shares can be transferred only by instrument of transfer in the usual form.

No G 007619

THE HONGKONG AND SHANGHAI BANKING CORPORATION

Hong Kong Register.

20

INCORPORATED IN HONG KONG WITH LIMITED LIABILITY

This is to Certify that

LO WAN SHIU, ESQ.

Joint Holder(s) (if any):

has/have been allotted

THOUSANDS	HUNDREDS	TENS	UNITS	NUMBER OF SHARES
NIL	NIL	TWO	NIL	-20-

Shares of $25.00 each, fully paid, in **The Hongkong and Shanghai Banking Corporation,** subject to the terms and conditions of the Ordinance and Regulations of the Corporation, and that unless the right to such shares has been effectively renounced on or before the 9th April, 1965, the person(s) named above will on that date become the registered proprietor(s) of such shares.

Given under the Common Seal of the Corporation
Hong Kong this 29TH day of MARCH, 1965.

Chief Accountant

Director

Registered

Entered

No transfer or renunciation of any of the shares comprised in this Certificate will be registered without the production and surrender of this Certificate at the Corporation's Share Department, 1, Queen's Road, Central, Hong Kong.

滙豐銀行股票，一九六五年。一年前每股的面值為一百二十五元，市價為千多元，一般人不易購買，稍後「拆細」為二十五元，亦經歷多年送紅股，普羅市民才可「入股」。

一九六五年，當時熱門股的高低波幅如下：

	高	低
滙豐銀行	$157	$121
置地公司	$46.50	$25.50
香港電燈	$24.10	$16
九龍倉	$18.80	$10

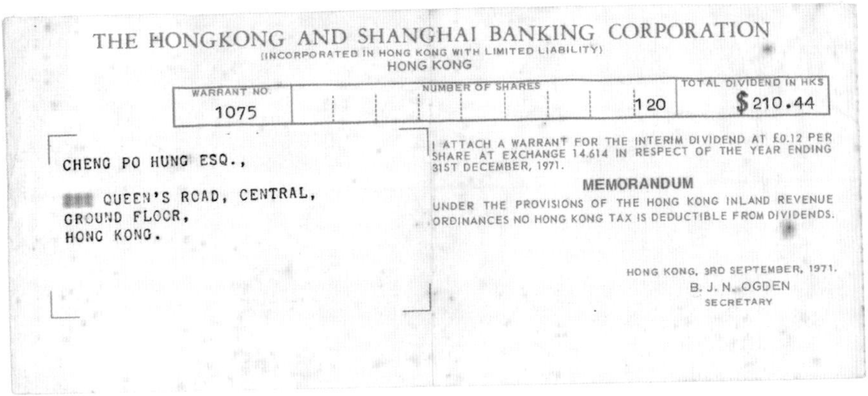
THE HONGKONG AND SHANGHAI BANKING CORPORATION
(INCORPORATED IN HONG KONG WITH LIMITED LIABILITY)
HONG KONG

WARRANT NO.	NUMBER OF SHARES	TOTAL DIVIDEND IN HK$
1075	120	$210.44

CHENG PO HUNG ESQ.,
[redacted] QUEEN'S ROAD, CENTRAL,
GROUND FLOOR,
HONG KONG.

I ATTACH A WARRANT FOR THE INTERIM DIVIDEND AT £0.12 PER SHARE AT EXCHANGE 14.614 IN RESPECT OF THE YEAR ENDING 31ST DECEMBER, 1971.

MEMORANDUM

UNDER THE PROVISIONS OF THE HONG KONG INLAND REVENUE ORDINANCES NO HONG KONG TAX IS DEDUCTIBLE FROM DIVIDENDS.

HONG KONG, 3RD SEPTEMBER, 1971.
B. J. N. OGDEN
SECRETARY

一九七一年，本人收取滙豐銀行中期股息的通知單。

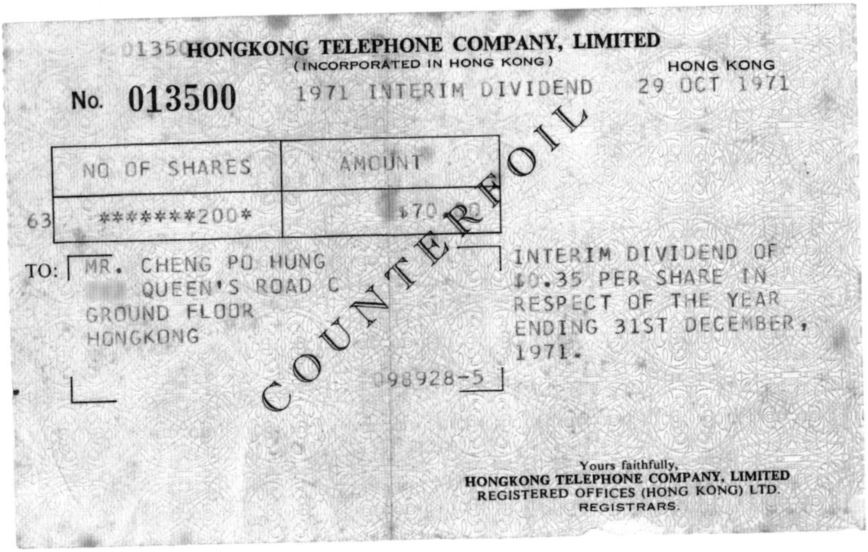
01350 HONGKONG TELEPHONE COMPANY, LIMITED
(INCORPORATED IN HONG KONG)
HONG KONG

No. 013500 1971 INTERIM DIVIDEND 29 OCT 1971

NO OF SHARES	AMOUNT
*******200*	$70.00

63

TO: MR. CHENG PO HUNG
[redacted] QUEEN'S ROAD C
GROUND FLOOR
HONGKONG

INTERIM DIVIDEND OF $0.35 PER SHARE IN RESPECT OF THE YEAR ENDING 31ST DECEMBER, 1971.

098928-5

COUNTERFOIL

Yours faithfully,
HONGKONG TELEPHONE COMPANY, LIMITED
REGISTERED OFFICES (HONG KONG) LTD.
REGISTRARS.

一九七一年，本人所收香港電話公司股息的通知單。

一九六九年十二月十七日，第二家股票市場的「遠東交易所」開業，位於中環華人行樓上。設有參觀室，公眾人士可透過玻璃幕牆觀看大堂的買賣成交情況，被戲稱為「金魚缸」。

一九七〇年代中，遠東交易所亦於雲咸街與安蘭街交界的「遠東交易界大廈」樓下，設有一電視直播的參觀室，是戲院裏「蛇竇」樂香園咖啡室以外，中環上班一族的「打躉」熱點。參觀室樓上「遠東會所」的潮州酒樓，有六十元一碗的魚翅供應，可謂價廉物美。

一九六九年，反映股市起落的恒生指數推出，以追溯至一九六四年七月一日的若干家股份的成交價，構組成基數的一百點。同年十二月底，恒生指數亦計有遠東交易所的成交股份的指數，但於稍後取消。

不執輸也抽股

新股上市，我任職公司的老闆和多位同事皆大量填寫表格認購。而我亦「不執輸」，賣掉部分黃金，嘗試申請，獲得配股的有永高及環球電子，這是我最初的股票投資。最幸運的是獲「抽中」三千股，擁有尖沙咀「凱悅酒店」的凱聯酒店股份，每股二元，三個月後以每股四元沽售，「兵不血刃」便獲利六千元，驚喜之情非筆墨所能形容。

威水駁腳

六、七十年代的經紀行，多位於交易所所在的公爵行及華人行附近的大廈，如荷蘭行、東亞銀行大廈、公主行、大廈行及德成大廈等。金銀及九龍證券交易所成立後，經紀行及其分行隨即遍佈於港九新界各區。

在遠東交易所於一九六九年底成立之前，買賣股票，要透過香港證券交易所的經紀進行。當時大部分經紀社會地位，是十分崇高的，尤其是多家外商銀行的「御用經紀」，更為顯赫。

普通人，包括我在內「落盤」買賣，只能接觸到經紀的代理人，被稱為「駁腳」或「駁腳經紀」者。不少駁腳經紀，都是人面廣闊，擁有大批客路。一位曾替我買賣的梁漢成先生，是馬會的會員，十分「威水」。

點石成金

一九六〇年代後期，大部分報章皆有股市經濟版，刊載股市行情及「貼士」，當中，《星島日報》於星期日刊出之「市場搜秘」專欄，每次分析及推介一兩種股票，因「命中率」甚高，被奉若神明。

創於一九六九年的《明報》、《晚報》，有林行止的「政經評論」，曹仁超的「思聰專欄」及「投資者日記」，「命中率」比「市場搜秘」更加準確，該報因而大受股民的歡迎。

林、曹兩位於一九七三年中創辦《信報》，我亦由創刊日起，成為忠實讀者。

七、八年前，有機會得晤曹仁超先生，談及當年測市，點石成金的精準「威水史」，他笑說是當年往往能與各大財經機構的有關人士接觸，得知該等機構的發展方向，經過深入分析，方能臻此。

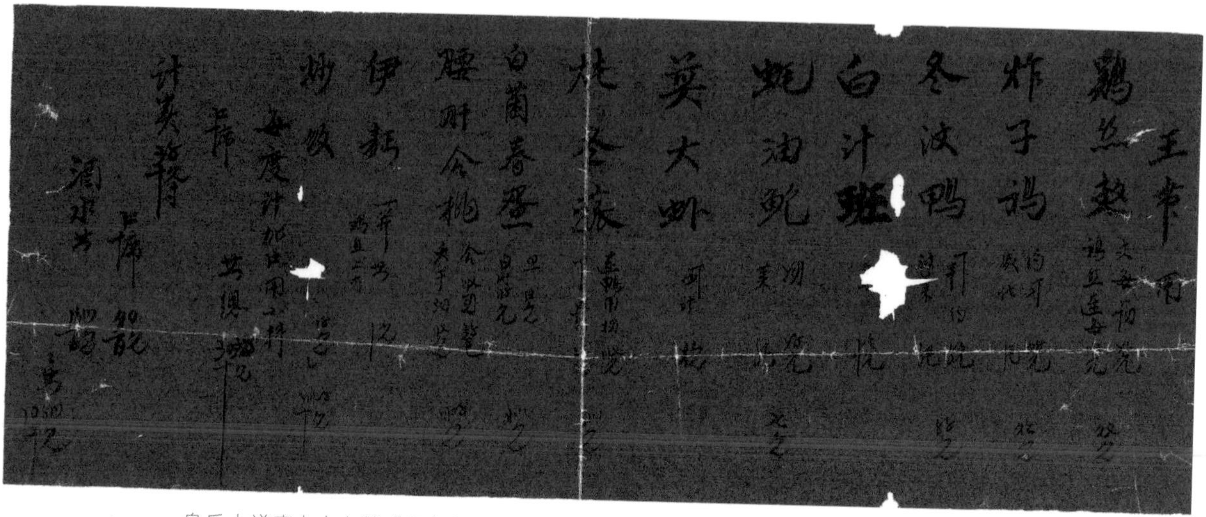

皇后大道東七十六號「肥仔記酒家」的結婚筵席菜單，一九五四年。按每席食物材料價格計，雞絲翅為九元九毫，炸子雞為九元七毫，白汁石斑為十一元八毫，蠔油鮑片為七元，煎大蝦為四元，炖冬菰為五元三毫，兩熱葷共五元五毫五分，伊麪炒飯共二元五毫，加上工銀和調味料費共計為每席七十五元。明碼實價是十分「抵食」的。（菜單由王淑珍女士提供）

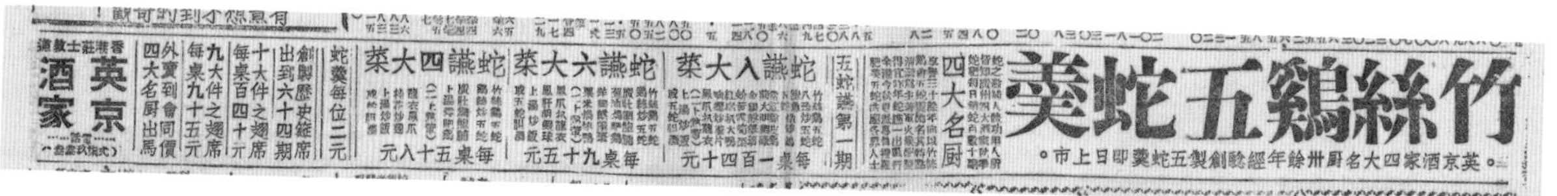

一九四八年，灣仔英京酒家（現大有廣場所在）的蛇宴及翅席廣告，每席價格由九十五元至一百四十元不等。當時普羅大眾的工資每月約五十元，社會漸趨穩定，已有部分人「先富起來」了。一九五〇至七〇年代，不少投資者在股市有所「斬獲」，或認購新股「中籤」而賺錢，會在酒家或包辦筵席館設盛宴慶祝，尤以七〇年代初為高峰，被形容為「鮮翅撈飯」日子。當時亦不時往灣仔的雙喜樓及龍門酒樓食晚飯，品嚐海鮮。

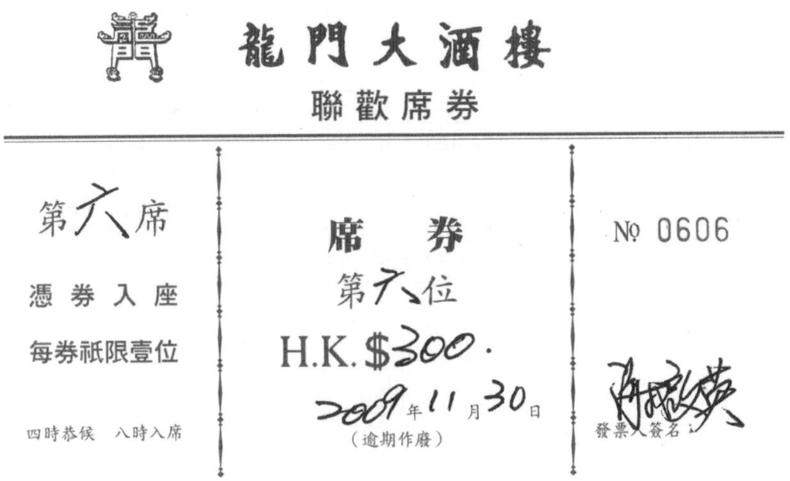
龍門大酒樓
聯歡席券

第六席
憑券入座
每券祇限壹位
四時恭候　八時入席

席　券
第六位
H.K.$300.
2009年11月30日
（逾期作廢）

№ 0606
發票人簽名

龍門大酒樓結業晚宴，由老闆謝啟英先生留給我，有其親筆簽名的聯歡席券。當晚與一大班好友聚首一堂，盡歡而散，但依依不捨。

灣仔著名地標的龍門大酒樓，二〇〇五年。其布招標示的「三餸一湯，另送油菜」的「四和菜」，只需一百二十八元，經濟實惠。我亦不時前往幫襯。

一九七〇年代

一九七〇年，一間設於彌敦道舊滙豐銀行（現惠豐中心所在）樓上的「聯合證券交易所」開業，但不獲政府的承認而於大半年後結業。

同時，有五、六間交易所註冊成立，籌備中的有一間金銀業貿易場屬下的「金銀證券交易所」（KAM NGAN STOCK EXCHANGE LTD），主席為「金王」胡漢輝先生，該交易所設於德輔道中大生銀行大廈樓上。開業之前，在交易大堂舉辦供經紀及出市代表熟習交易程序的訓練課程。因老闆擁有交易所牌照，故我被指派往接受訓練，耳目一新。導師為永富證券的胡壽榮，及新鴻基證券的張天生兩位先生。交易所於一九七一年開業。當時，除恒生指數外，還有遠東交易所的「遠東分類」指數，以及金銀證券交易所的「金銀綜合指數」，但以「恒生指數」為主。

一九七〇年，新上市的公司有：美麗華酒店、金門建築以及生產「七喜」及「玉泉」等的聯合汽水公司等多家，我只能抽中一千股南豐紡織聯合公司。當年，亦有被人「另眼相

遠東交易所位於新世界大廈內的新交易大堂，約一九七八年。

看」，在遠東交易所掛牌的壽德隆地產、金松製衣及均隆驅風油等。壽德隆於稍後被金門建築所收購。

一九七一年，共有包括邵氏兄弟公司、鱷魚恤等的十五家新股上市，還有包括「新力」及「三光汽船」等的日本及兩三家荷蘭企業，用「保管股票」方式，在港掛牌買賣。同時，我亦開始請求老闆代我購買股票，第一單是用五千多元購入一手四十股的滙豐銀行。

一九七二年，位於萬邦行的「九龍證券交易所」開業。同年，在四家交易所掛牌上市的中外新股有近一百間。較著名的有恒生銀行、和地產公司的合和、新鴻基、長江實業、恆隆和新世界等。我亦幸運地抽中新鴻基、長江實業和新世界。記得新鴻基是在花園道聖約翰座堂新堂、長江實業是在渣打銀行辦理申請手續的。我以三千元獲中一千股長江實業，於大半年後以二萬多元沽出，獲利

代客認購股票

當年，我亦會義務代公司的客戶填寫認購申請表。不少「中籤」的客戶於沽售獲利後，會設宴「慰勞」，在下亦頻頻獲「大快朵頤」的機會，可嚐到每席廿四兩的大裙翅、溏心（二十頭）禾麻鮑魚、老鼠斑、響螺盞、竹笙白鴿蛋以及果子狸等美食。

HR03008834 DATE 08/04/91 CERTIFICATE NUMBER HR03008834 RUN/TFR. NO. 1133/2000343 REGISTER HONG KONG AMOUNT OF WARRANT HK$ *9500.00*

HANG LUNG DEVELOPMENT COMPANY, LIMITED

(恒隆有限公司)

(Incorporated in Hong Kong under the Companies Ordinance)

REGISTERED WARRANT TO SUBSCRIBE FOR SHARES

THIS IS TO CERTIFY that the undermentioned person(s) is/are the registered holder(s) of this Warrant and is/are entitled, upon and subject to the conditions set out below and on the reverse hereof, at any time on or after 1st January, 1988 but not later than 31st December, 1992 to subscribe the amount specified below for fully paid Shares (as defined in the said Conditions) of Hang Lung Development Company, Limited (hereinafter referred to as "Hang Lung").

NAME	CODE:
MAK, SHUE KUEN [redacted] CONDUIT ROAD G/F HONG KONG	MAK***SHUKUE******G*37*CONR* AMOUNT OF WARRANT HK$ 1 NINE THOUSAND FIVE HUNDRED ****

Given under the common seal of Hang Lung on the date stated above.

DIRECTOR DIRECTOR

This Warrant forms part of an authorised issue of warrants to subscribe in aggregate at the Subscription Price (as defined in the said Conditions) up to HK$1,086,990,000 for Shares (as defined in the said Conditions) in Hang Lung, which warrants have been issued subject to and with the benefit of an Instrument by way of deed poll dated 28th September, 1987 and executed by Hang Lung, which is enforceable severally by each Warrantholder (as defined in the said Conditions) against Hang Lung insofar as each such Warrantholder's Warrants are concerned. Such Instrument (together with any instruments supplemental thereto) and copies of the Articles of Association of Hang Lung are and will be held by the registrars for the time being of Hang Lung and copies thereof are and will be available for inspection by Warrantholders at the principal offices for the time being in Hong Kong of Hang Lung and of the registrars for the time being of Hang Lung throughout the Subscription Period (as defined in the said Conditions). Warrantholders will be deemed to have notice of all the provisions contained in the said Instrument (and any instruments supplemental thereto) and may obtain copies thereof upon request to Hang Lung or the registrars for the time being of Hang Lung.

NO TRANSFER OF THE WHOLE OR ANY PORTION OF THIS WARRANT WILL BE REGISTERED UNLESS ACCOMPANIED BY THIS CERTIFICATE.
REGISTRARS: CENTRAL REGISTRATION HONG KONG LIMITED, HOPEWELL CENTRE, 17TH FLOOR, 183 QUEEN'S ROAD EAST, HONG KONG.

central registration 009935

恒隆有限公司的認股權證（WARRANT），一九九〇年。初期為人所熟知的認股權證，是置地公司於一九七〇年代中，於發行債券時所附送者。於債券到期還款時，可將債券連同認股權證兌換置地公司股票以代替現金。一九七〇年代後期，另一「熱炒」的是九龍倉的認股權證，因其有「以少控多」的槓桿作用，於一九八〇年股權爭奪戰時成為「寵兒」。

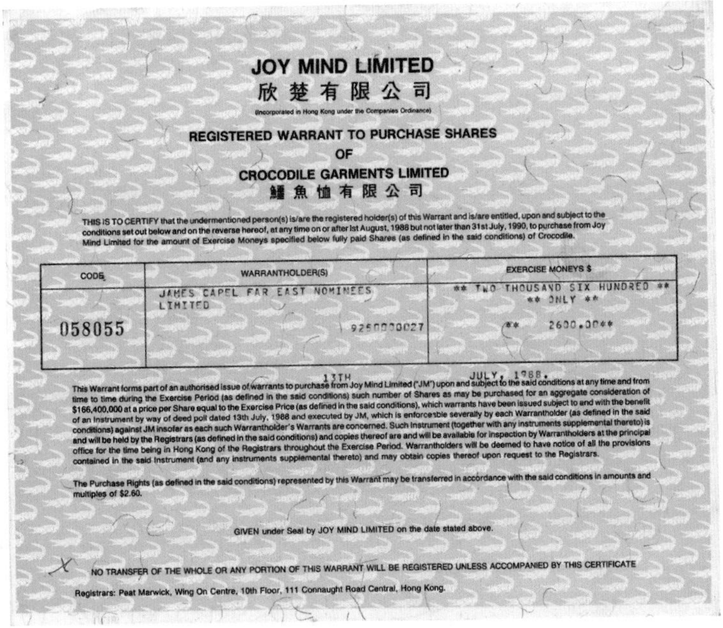

JOY MIND LIMITED

欣楚有限公司

(Incorporated in Hong Kong under the Companies Ordinance)

REGISTERED WARRANT TO PURCHASE SHARES

OF

CROCODILE GARMENTS LIMITED

鱷魚恤有限公司

THIS IS TO CERTIFY that the undermentioned person(s) is/are the registered holder(s) of this Warrant and is/are entitled, upon and subject to the conditions set out below and on the reverse hereof, at any time on or after Ist August, 1988 but not later than 31st July, 1990, to purchase from Joy Mind Limited for the amount of Exercise Moneys specified below fully paid Shares (as defined in the said conditions) of Crocodile.

CODE	WARRANTHOLDER(S)	EXERCISE MONEYS $
058055	JAMES CAPEL FAR EAST NOMINEES LIMITED 9250000027	** TWO THOUSAND SIX HUNDRED ** ** ONLY ** ** 2600.00**

13TH JULY, 1988.

This Warrant forms part of an authorised issue of warrants to purchase from Joy Mind Limited ("JM") upon and subject to the said conditions at any time and from time to time during the Exercise Period (as defined in the said conditions) such number of Shares as may be purchased for an aggregate consideration of $166,400,000 at a price per Share equal to the Exercise Price (as defined in the said conditions), which warrants have been issued subject to and with the benefit of an Instrument by way of deed poll dated 13th July, 1988 and executed by JM, which is enforceable severally by each Warrantholder (as defined in the said conditions) against JM insofar as each such Warrantholder's Warrants are concerned. Such Instrument (together with any instruments supplemental thereto) is and will be held by the Registrars (as defined in the said conditions) and copies thereof are and will be available for inspection by Warrantholders at the principal office for the time being in Hong Kong of the Registrars throughout the Exercise Period. Warrantholders will be deemed to have notice of all the provisions contained in the said Instrument (and any instruments supplemental thereto) and may obtain copies thereof upon request to the Registrars.

The Purchase Rights (as defined in the said conditions) represented by this Warrant may be transferred in accordance with the said conditions in amounts and multiples of $2.60.

GIVEN under Seal by JOY MIND LIMITED on the date stated above.

NO TRANSFER OF THE WHOLE OR ANY PORTION OF THIS WARRANT WILL BE REGISTERED UNLESS ACCOMPANIED BY THIS CERTIFICATE

Registrars: Peat Marwick, Wing On Centre, 10th Floor, 111 Connaught Road Central, Hong Kong.

欣楚有限公司所發出，可認購鱷魚恤有限公司股份的認股權證，一九八八年。

之豐出乎意料。當年，有和尚及尼姑進入教堂，申請新鴻基地產的股票，成為報章的花邊新聞。

當時新上市股票的主要包銷公司為怡和洋行屬下的「怡富」（JARDINE FLEMING），以及滙豐的「獲多利」（WARDLEY），兩家皆為有重大影響力的財務機構。

此時，我亦會將薪金及新股所獲的利潤用來購買股票，除滙豐外，我亦動用約一萬元購買了八百股（兩手LOT）九龍倉。

我從其一九七二年的年報中，發覺九龍倉尖沙咀的貨倉地段，共有一百萬平方呎，亦有包括海運大廈的多座碼頭及其他資產。其發行股數只八百萬股，市值只約一億元。

約一九五五年的尖沙咀梳士巴利道。右方是九廣車站範圍所在（現太空館），左方是太古藍煙囱碼頭和貨倉，於一九七〇年代後期改建為新世界中心及麗晶（洲際）酒店。

成功奪得九龍倉控股權的包玉剛與英國首相戴卓爾夫人，約攝於一九八二年。

一九六六年的尖沙咀的天星碼頭、火車總站，亦可見於三月落成的海運大廈。與其相鄰的一列九龍貨倉前，為正在興建的「九龍商業中心」，於一九六八年易名為「星光行」，其前方可見「五枝旗杆」。「九龍倉」於一九七〇年代成為財團的爭奪對象。

我不時往海運大廈閒逛，以及在海運戲院看電影，可見正在拆卸多座貨倉以興建香港酒店及海洋中心，發覺九龍倉的前途及「錢途」均為無可限量的。

此外，我亦於一九七二年中，用千多元購買了一百股「牛奶公司冰廠」的股票，着眼在其薄扶林區的牧場和銅鑼灣的冰廠（現珠城大廈、皇室堡及恆隆中心所在）的龐大地段。

同年十月三十日，置地公司宣佈收購由周錫年爵士任董事長的牛奶公司冰廠，當日的股市創出四億四千萬一天成交額，為歷來最高。所有股票無論大小皆隨而暴漲。

一九七三年一月八日，財政司夏鼎基指出，股市的活躍程度，已達瘋狂，不論買賣均完全失去理智。一月十二日，各交易所謝絕參觀，「金魚缸」玻璃幕牆用紙張遮蓋。位於舊華人行樓上的遠東交易所的交易大堂，一度駐有手持滅火喉的消防員。

招朋與攜手

一月二十九日，置地成功收購牛奶公司，在多張報章的頭版刊登「捷報」，刊有大紅色的對聯，記得上下聯分別有：「置地公司招朋……袞然層樓添廣廈」，「牛奶冰廠攜手……芬香芳席享嘉名」。用「招朋」來形容「吞併」，「攜手」形容被迫簽「城下之盟」，「度」出此聯的「師爺」文人，可用「刻薄」及「涼薄」來形容。

一九七三年初，新上市的股票中，較著名的有東方海外及利豐等。我所持的牛奶冰廠，亦被迫轉換成置地公司股票。

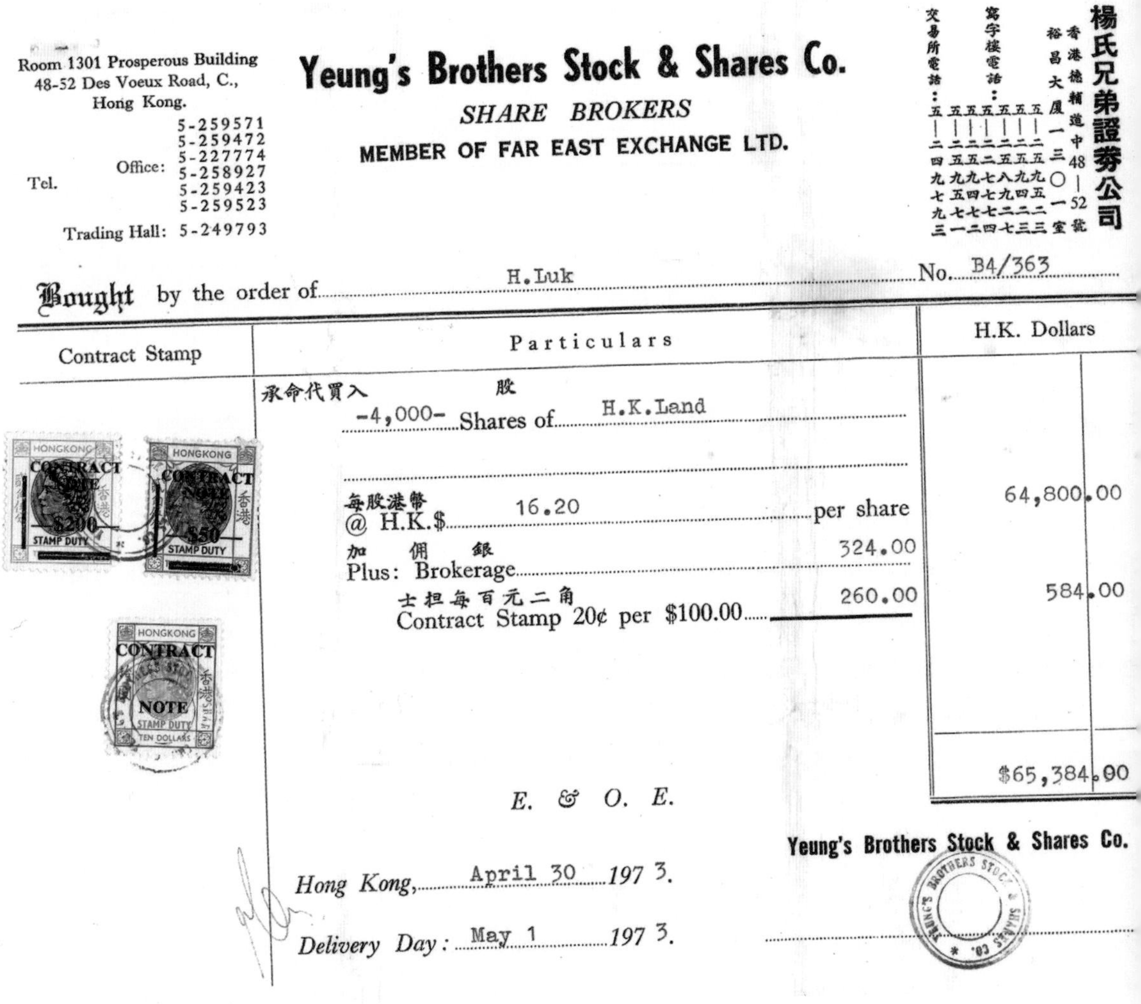

楊氏兄弟證券公司
香港德輔道中48－52號
裕昌大廈一三〇一室
寫字樓電話：五－二五九五七一 五－二五九四七二 五－二二七七七四 五－二五八九二七 五－二五九四二三 五－二五九五二三
交易所電話：五－二四九七九三

Room 1301 Prosperous Building
48-52 Des Voeux Road, C.,
Hong Kong.

Tel. Office: 5-259571 5-259472 5-227774 5-258927 5-259423 5-259523
Trading Hall: 5-249793

Yeung's Brothers Stock & Shares Co.

SHARE BROKERS

MEMBER OF FAR EAST EXCHANGE LTD.

Bought by the order of H.Luk No. B4/363

Contract Stamp	Particulars	H.K. Dollars
HONGKONG CONTRACT NOTE $200 STAMP DUTY; HONGKONG CONTRACT NOTE $50 STAMP DUTY; HONGKONG CONTRACT NOTE STAMP DUTY TEN DOLLARS	承命代買入 -4,000- 股 Shares of H.K.Land	
	每股港幣 @ H.K.$ 16.20 per share	64,800.00
	加佣銀 Plus: Brokerage 324.00	
	士担每百元二角 Contract Stamp 20¢ per $100.00 260.00	584.00
		$65,384.00

E. & O. E.

Hong Kong, April 30 197 3.

Delivery Day: May 1 197 3.

Yeung's Brothers Stock & Shares Co.

購入股票的單據，一九七三年四月三十日，股災期間。所購入的置地公司股份已由六十元急跌至十六元二角，我亦「貪平」於此價購入。稍後，再急跌至三元左右。彼此都成為「大閘蟹」。

同時，我所持有兩者同為怡和系的置地及九龍倉，皆宣佈每一股派送五股紅股。受此消息刺激，置地及九龍倉的股價，分別暴升至三百多及六百多元，心中估計，經送股調整後，置地的股價約六、七十元，而九龍倉的則約一百多元，一心以為鴻鵠將至，「發達」在望。可是，在紅股未寄到手之前，股市形勢已逆轉。

當年的三月九日，恒生指數升至一千七百七十四點九六點，為歷史高峰，隨即急促大幅下瀉，我所持九龍倉（於送了紅股之後），在最低潮時每股只約值十元，置地則為三元。當時的蔬菜每斤為三元多，一股「股王」置地（該公司於廣告上自稱，而曹仁超則稱其為「三毫子股王」指出每股全年盈利只有三毫子），買不到一斤菜，為當時社會上的熱門「口頭禪」。

一九七二至一九七三年間，為股市的黃金時代，亦被稱為「魚翅撈飯」的日子。我認識若干位任職包括於恒生等銀行的朋友，捨棄穩定的職位而投身股票行業，股市下跌之後，懊悔不已。亦有一位好友，夥同兩名銀行職員，挪用公款在股市投機炒賣，虧蝕殆盡，最後東窗事發而鋃鐺入獄，前途盡毀。

由波斯富街西望羅素街（右），一九九二年。九龍倉所擁有電車廠的原址正興建時代廣場。羅素街仍為滿佈魚類、肉類及蔬菜店舖和攤檔的市集。一位朋友於一九八〇年代初用四百萬購一店舖用作菜檔的「後勤基地」，九十年代初以二千多萬元沽出，獲利甚豐。

一九七三年大跌市的另一起因，為發現「和記企業」的假股票，導致股價由約二十元急促下瀉。我曾於股價三元時購入數千股，但隨即跌至一元多，即時成為「大閘蟹」，被套牢至動彈不得。一九七四年十二月十日，恒生銀行指數更跌至一百五十點的新低。

一九七五年，當局決定興建地下鐵路，人心趨定，雖有上落波幅，可是股市仍逐級上升。到了一九八〇年代初，因美國急促地大幅加息，本港銀行亦跟隨，優惠利率曾升至十七釐，而儲蓄利率亦由三釐升至歷史新高的十一釐，導致人心惶惶，股市亦大幅波動。當時，有若干間上市華資地產公司，組成一「救市團隊」，入市吸納部分股票，以遏止跌勢。

一九七五年八月，滙豐銀行宣佈，以每股一元的價格，購入和記企業一億五千萬股新股，成為控制性股東，

蟹籠

一九七三年，金銀證券交易所遷往剛落成的「康樂大廈」（後來易名為「怡和大廈」），因遇上股市下跌，大量投資者及從業員的資金被「套牢」，一如被「緊紮」的大閘蟹，因此，金銀證券交易所及多間經紀行所在的康樂大廈，旋即被稱為「蟹籠」。各經紀及出市員所穿的號碼背心為橙色，被識為一如「蒸熟了的大閘蟹」，永不超生，因此立即改為綠色。

稍後，香港證券交易所及遠東交易所，亦依次遷往和記大廈及新世界大廈。

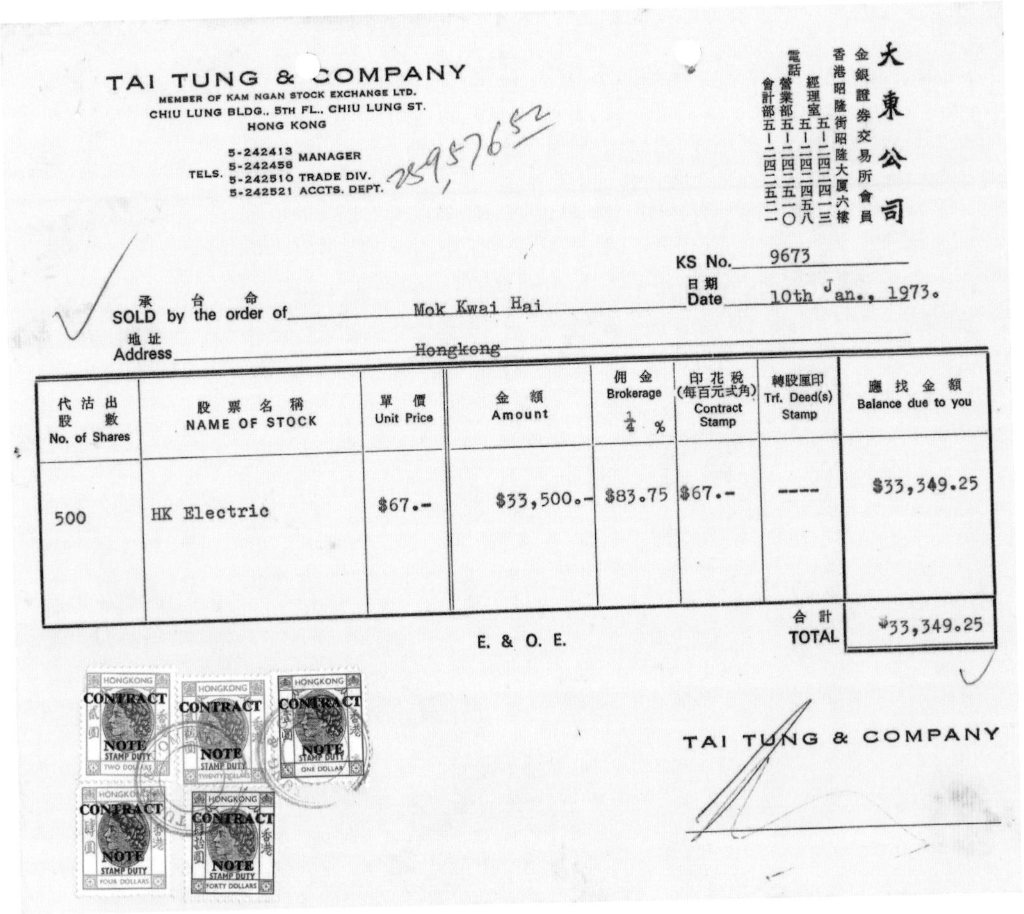

代沽出股數 No. of Shares	股票名稱 NAME OF STOCK	單價 Unit Price	金額 Amount	佣金 Brokerage 1/4 %	印花稅 (每百元弍角) Contract Stamp	轉股厘印 Trf. Deed(s) Stamp	應找金額 Balance due to you
500	HK Electric	$67.-	$33,500.-	$83.75	$67.-	----	$33,349.25
						合計 TOTAL	$33,349.25

一九七三年一月的金銀證券交易所經紀的沽貨單，當時成交熾熱，所沽出的為五百股香港電燈股份。

隨即將公司大加整頓，並於一九七七年合併黃埔船塢，易名為「和記黃埔」，股價從此節節上升。一九七九年，滙豐將所持的和記黃埔股份，沽售予李嘉誠的長江實業。

一九七五年五月二十一日，立法局批准成立「香港商品交易所」，於一九七七年五月九日開業，只有原糖、黃豆及黃金的交易。一九八五年易名為「香港期貨交易所」，一年後開始推出恒生銀行指數期貨。

一九七〇年代，不少上市公司將名下地段，發展為商住樓宇出售，包括和記的黃埔新邨及紅磡灣中心，太古船塢的太古城等。首期太古城一個六百七十五呎的兩房單位，只售十三、四萬元。

置地公司亦將「招朋」而吞併的牛奶公司，位於薄扶林區之牧場地段發展為置富花園住宅屋苑。最初每層售價約為十一至十四萬。

為購得置富單位，有過千市民在皇后大道中「公主行」（現「置地文華東方酒店」所在）排隊輪候。

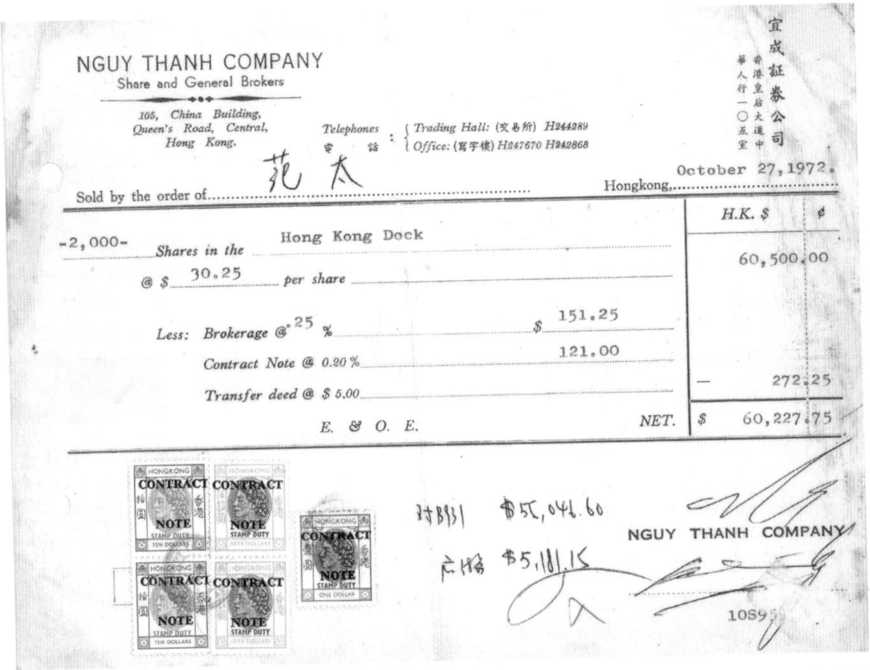

NGUY THANH COMPANY

Share and General Brokers

105, China Building,
Queen's Road, Central,
Hong Kong.

Telephones 電話 : Trading Hall: (交易所) H244289 Office: (寫字樓) H247670 H242868

宜成証券公司
香港皇后大道中華人行一〇五室

Sold by the order of 范太

Hongkong, October 27, 1972.

	H.K. $	¢
-2,000- Shares in the Hong Kong Dock @ $ 30.25 per share	60,500	00
Less: Brokerage @ .25 % $ 151.25; Contract Note @ 0.20 % 121.00; Transfer deed @ $ 5.00	— 272	25
E. & O. E. NET.	$ 60,227	75

CONTRACT NOTE STAMP DUTY

NGUY THANH COMPANY

10S95

一間位於華人行內，遠東交易所會員經紀的沽售股票單據，一九七二年。所沽出的是二千股黃埔船塢，一九七七年，黃埔船塢與和記企業合併，成為和記黃埔。

置地公司「招朋」而獲致的牛奶公司，位於薄扶林區的牧場地段和寫字樓，這一帶現時有包括「中華廚藝學院」等建築。而附近則有置富花園屋苑。（圖片由陳創楚先生提供）

兩年後的一九七八年，置地公司改用抽籤方式發售。我亦「填表」一碰運氣，幸運地獲邀「揀樓」，選中一個二十五萬元的三房單位，將部分投資股票所獲，用作首期，滿足做業主安居樂業的夙願。

投資股票，要將股票「轉名」（過戶），以收取股息或紅股，須往過戶處辦手續。

早期的大過戶處有畢打街怡和大廈（現「會德豐大廈」所在）的怡和股票部、太子行的畢馬域（威）及羅賓咸、公主行的滙倫、於仁大廈的會德豐，此外還有李文彬、陳普芬等會計師行。至於滙豐的股份過戶處則設於該行樓上。

怡和後來改為「中央證券登記公司」，稍後亦辦理滙豐的股票過戶。因收息或紅股，要遊走多間過戶處辦理轉名手續，不時要排長龍輪候，疲於奔命。

慶祝加冕晚間的遮打道銀行區，一九五三年。正中為畢打街（左）及德輔道中（右）交界的渣甸行（怡和大廈）。

一九八〇年代

一九八〇年六月二十日，置地公司宣佈，以置地股票及遠期債券，以每股約一百元收購九龍倉的股票。不過，「船王」包玉剛則於六月二十三日，以每股一百零五元現金的價格，奪得九龍倉百分之五十一的控制性股權。我亦趁勢沽出，持股多年終獲滿意的回報。因只收購百分之五十一，不少經紀行於早上已告「滿額」，我亦幸運地趕搭上「尾班車」，有一部分是在歷山大廈的新鴻基證券公司沽出。

一九八二年至一九八三年間，因香港前途不明朗，導致房地產及股市下跌。直到一九八四年底，中英協議簽署後，兩者才踏上升途。當年，怡和洋行宣佈遷冊往百慕達，曾引起一陣動盪。

一九八五年十二月，恒生指數升至一千七百六十二點，逼近一九七三年高峰的一千七百七十四點。

含笑斷腕

《信報》的林行止先生，形容置地公司被迫放棄九龍倉的股權，為「含笑斷腕」。從熒光幕上，看到包玉剛「拍着膊頭」，「請走」置地公司及九龍倉「大班」紐壁堅，離開九龍倉會議室的情景，回想當年向牛奶公司「招朋」時的霸氣，真有「再受禪依樣畫葫蘆」及「風水輪流轉」的感覺。

我隨即用部分沽售九龍倉的資金，以每股約十元的價格，購入和記黃埔及長江實業的股票。

香港商品交易所內，經紀們正進行黃金期貨的買賣，一九八〇年。

一九八六年二月一日，和記黃埔購入置地公司所持百分之三十四點六港燈集團的控股權。

同年，香港、遠東、金銀及九龍的四間證券交易所，合併為「香港聯合交易所」，設於「交易廣場」的新交易所，於一九八六年十月六日開市。當年全年的交易總額，共計為一千二百三十多億元。現時，一天已有這個成交額，可見香港股市驚人的發展速度。

一九八七年，成交額再度增加，指數亦升至三千九百四十九點的歷史新高。可是，美國股市於十月十九日大幅下瀉，香港聯合交易所由十月二十日起，停市四天，期貨市場亦跟隨，是全球唯一停市的股票市場。

四日停市期間，美股一天一天接連下跌，股票及指數期貨的持有人，無論大小戶，皆不能沽貨或「平倉」（結算）止蝕而「焗輸」（被迫虧蝕）到底，苦不堪言。

食魚翅都無味

大跌市期間，香港聯合交易所在鰂魚涌康山一酒樓，設宴慶祝合併一周年，據出席的經紀朋友說，因跌市影響心情，「食飽翅都冇味！」，出席人數只得兩三成，大好筵席，白白浪費。

一九八六年，由香港、遠東、金銀及九龍的四家交易所，合併而成的香港聯合交易所，於十月六日，在交易廣場開幕，所印行的紀念首日封。

TP03678725 27/08/87 DATE

TP03678725 CERTIFICATE NUMBER

166/002687 RUN/TFR. NO.

HONG KONG REGISTER

27 NO. OF SHARES

香港電話有限公司

HONG KONG TELEPHONE COMPANY LIMITED

(INCORPORATED IN HONG KONG UNDER THE COMPANIES ORDINANCE, CAP. 32)

EACH $1.00 SHARE

THIS IS TO CERTIFY THAT THE UNDERMENTIONED IS THE REGISTERED HOLDER OF THE STATED NUMBER OF FULLY PAID SHARES IN THE ABOVE MENTIONED COMPANY, SUBJECT TO THE MEMORANDUM AND ARTICLES OF ASSOCIATION THEREOF.

EACH $1.00 SHARE

CHENG, PO HUNG
QUEEN'S RD C G/F
HONG KONG

CODE:
CHENG*PO*HUN******G*276QUERC 3
NUMBER OF SHARES:
TWENTY-SEVEN ****

GIVEN UNDER THE COMMON SEAL OF THE COMPANY ON THE DATE STATED ABOVE.

FOR AND ON BEHALF OF
CENTRAL REGISTRATION HONG KONG LIMITED

REGISTRARS DIRECTOR

DIRECTOR

NO TRANSFER OF THE ABOVE SHARES CAN BE REGISTERED UNLESS ACCOMPANIED BY THIS SHARE CERTIFICATE.
REGISTRARS: CENTRAL REGISTRATION HONG KONG LIMITED, HOPEWELL CENTRE, 17TH FLOOR, 183 QUEEN'S ROAD EAST, HONG KONG.

香港電話有限公司的股票，一九八七年，可見董事李國寶的簽署。公司於稍後易名為「香港電訊」。廿一世紀再轉為「電訊盈科PCCW」。

不少購入「恒生指數期貨」（簡稱「期指」）者，因跌幅較已付出的按金超出近倍，而索性「一走了之」，我熟識的一位兼營「期指」的股票經紀說，單是被「期指」客戶「撻數」（欠款不還），已達二千萬元之鉅。

一九八七年十月二十六日，股市重開，恒生指數大幅下瀉，由三千九百多點跌至二千二百四十一點，跌幅為百分之四十四。恒生銀行的股價由五十二元，跌至二十四點六元。同時，樓價亦有一成的跌幅。

大跌市後，港府將期貨交易所改組。同時，着手整頓被形容為「私人俱樂部」的「香港聯合交易所」，委任已退休的銀行監理專員為高級總裁。稍後，以舞弊貪污等罪名，拘捕包括主席及行政總裁等的多名交易所高層。

另一次大跌市為一九八九年中，稍後即出現技術反彈，隨而反覆偏好。

一九八七年及一九八九年兩次大跌市當中，首當其衝，跌幅較大的是熱門藍籌股。一些較「冷門」的二、三線實力股，因「淡友」（沽空者）無貨可沽，而跌幅較小。我藉此機會將冷門股沽出，換入價位低殘的大藍籌股，後來證明此乃一正確的決定。

一九八九年中，香港的股市和地產市場，皆受到震盪而下跌，但大半年後開始回升。

由一九七〇年至一九八〇年代中期，滙豐銀行的股東，每年皆獲派紅股，由「十送一」以至「一送一」不等。往往於送股後一段短時期，股價便能升回送股前的價格，因此，滙豐股票成為大多數股民的寵兒，我亦推薦母親購入。

一九八〇年代，該行以「HONG KONG BANK」作標榜，即為香港本土的銀行。

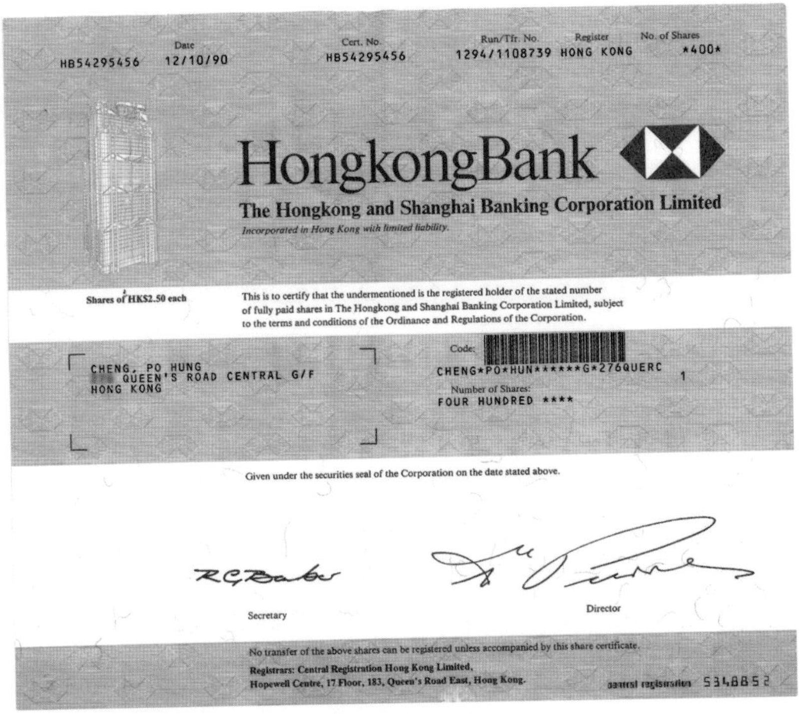
HB54295456 Date 12/10/90 Cert. No. HB54295456 Run/Tfr. No. 1294/1108739 Register HONG KONG No. of Shares *400*

HongkongBank

The Hongkong and Shanghai Banking Corporation Limited

Incorporated in Hong Kong with limited liability.

Shares of HK$2.50 each

This is to certify that the undermentioned is the registered holder of the stated number of fully paid shares in The Hongkong and Shanghai Banking Corporation Limited, subject to the terms and conditions of the Ordinance and Regulations of the Corporation.

CHENG, PO HUNG
[redacted] QUEEN'S ROAD CENTRAL G/F
HONG KONG

Code: CHENG*PO*HUN******G*276QUERC 1

Number of Shares: FOUR HUNDRED ****

Given under the securities seal of the Corporation on the date stated above.

Secretary Director

No transfer of the above shares can be registered unless accompanied by this share certificate.

Registrars: Central Registration Hong Kong Limited,
Hopewell Centre, 17 Floor, 183, Queen's Road East, Hong Kong.

5348852

香港上海滙豐銀行的股票，一九九〇年。當時尚以Hongkong Bank 作標榜。

一九九〇年代

滙豐於一九九〇年十二月十七日宣佈遷冊，在英國成立控股公司「HSBC Holdings plc」，股份進行重組，以四股滙豐銀行股票換取一股新控股公司的股票。HONG KONG BANK的概念亦告淡化。

滙豐股東最感震撼的是股價於二〇〇九年跌至新低，並宣佈供股。我和母親都有照供，供股價為二十八元，現時有一倍多的升幅。

	Date	Cert. No.	Run / Tfr. No.	Register	No. of Shares
HH01200242	06/04/91	HH01200242	8000/8018040	HONG KONG	*400*

HSBC Holdings plc

Hong Kong Overseas Branch Register

Ordinary Shares of HK$10 each

This is to certify that the undernamed is the registered holder of the stated number of fully paid Ordinary Shares of HK$10 each in HSBC Holdings plc, subject to the Memorandum and Articles of Association of the Company

HO, JAN
[redacted] QUEEN'S RD C G/F
HONG KONG

Code:
HO****JAN*********G*276QUERC
Number of Shares: 2
FOUR HUNDRED ****

Given under the securities seal of the Company

HSBC Holdings plc: incorporated in England with limited liability under registered No. 617987
No transfer of the above shares will be registered until this Certificate has been surrendered to:
Registrars in Hong Kong: Central Registration Hong Kong Limited, Hopewell Centre, 17th Floor, 183, Queen's Road East, Hong Kong.

滙豐股票，一九九一年，已由香港上海滙豐銀行改為「滙豐控股HSBC Holdings plc」。

錢路漫漫

一九九一年七月，國際商業信貸銀行的母公司出現問題，港府發表聲明，強調香港的國際商業信貸銀行財政健全，可是在七月八日卻宣佈該行停業。政府出爾反爾的做法，引起存戶多次發起抗議行動，亦引致多間銀行擠提，包括中東資金背景的港基國際銀行在內。幸事件迅即平息，所有存戶皆毫無損失。

一九九〇年代初，因受到伊拉克入侵科威特引起「波斯灣危機」的影響，股市及房地產皆曾下跌。戰事結束後，瞬即由低點反彈。一九九一年三月中英簽署新機場諒解備忘錄之後，升幅更為顯著。

同時，銀行業十分蓬勃，大量增聘人手，部分銀行甚至不需寫求職信而可即時面試。在職員工若介紹一獲聘的新人便可獲一個月薪金的獎賞。亦有銀行要求已移民海外的舊職員回港復職。當時為銀行從業員的黃金歲月。

一九九四年五月，中國銀行開始發行港鈔，大批市民前往換取，引起一陣熱潮。五種面值的鈔票皆印有不同的花卉圖案，被收藏者戲稱為「五花茶」。同時亦引起一陣收藏香港鈔票的熱潮。

位於皇后大道中與都爹利街交界，正受擠提風潮影響的國際商業信貸銀行，一九九二年。正中是即將拆卸改建原為萬國寶通（花旗）銀行的「成報中心」。

位於德輔道中與德忌利士街交界的中國聯合銀行，一九九二年。稍後被東亞銀行收購。

一九九三年，名為「國企」的內地企業開始在港掛牌上市，首家為著名的青島啤酒，旋即引起港人的興趣，股票及物業皆穩步上升，無視中英兩國就香港政制發展的爭拗。年底，恒生指數升破一萬點大關，成交額亦創新高。因大量投資及投機者入市的關係，地產價格亦飆升。新發展區將軍澳的樓宇呎價，亦升至七、八千，逼近市區的價格。

一九九七年香港回歸後的七月份起，稱為「大鱷」的國際炒家，開始狙擊亞洲多個國家和地區的股匯市場，部分國家被攻陷，股價及匯價大幅下挫。

稍後，炒家隨意狙擊港股及港匯，鼓吹港府放棄至一九八三年起實施的聯繫匯率，部分本地金融才俊亦附和。

由於炒家大舉沽空股價，導致恒生指數由接近一萬七千點，暴跌至一九九八年八月的六千七百多點。

稍後，港府動用儲備，在股市及期貨市場大舉掃貨，並聘用多家稱為「御貓」的「御用」經紀行，大量購入炒家所沽出的股票及恆指期貨，此接貨行動被稱為「搭棚」。

家的。

有財經專家，在電台抨擊港府動用儲備的入市行動為「擔沙塞海」，是門不過外國的炒

結果是專家大跌眼鏡，港府高奏凱歌，香港避過一次大劫。經此一役，我對一些專家的尊敬度，消失殆盡。早於一九八〇年代，我緊盯部分股評人的建議，作「反其道而行」，不時都有「斬獲」。

港府是次行動被形容為「打大鱷」，肩負此重任者為財政司司長曾蔭權，金融管理局總裁任志剛，以及財經事務局局長許仕仁。

事後，政府將所承購的股票，成立一「盈富基金」，於一九九〇年在交易所掛牌上市，供市民認購，我及家人均有入表申請。

在港府與大鱷鏖戰期間，我亦將一些跌幅較小的冷門二三線股份，轉換為價位低殘的熱門藍籌股，事後證明，此亦為一正確的抉擇。

二〇〇〇年代

由二〇〇〇年起，有多家新股上市，包括香港交易所、地下鐵路、中銀（香港）及領匯（領展）房產，以及內地的中國建設銀行、中國工商銀行、中國銀行及交通銀行等。我亦有申請或在市場購買部分上述的新股，部分有以倍計的升幅。

二〇〇三年三至四月期間，「沙士」疫症在港肆虐，多名市民及醫護人員不幸逝世，全城一片恐慌，口罩亦賣至斷市，股市及樓市皆大幅下挫。幸疫情迅速被控制，市面恢復穩定，股票及樓宇的價格，亦由低點回升。

二〇〇八年，由美國引起的金融海嘯，引致全世界的財經市場動盪不已，香港亦可安然渡過，金融及地產市場仍維持平穩。

第四章

橫財夢的馬票

1. VICTORIA HABOUR, HONG KONG.

約一九五二年的中環銀行區，愛丁堡廣場填海工程正在進行。右方為設有馬票發售處的皇后行，皇后行於一九六三年改建為文華酒店。

由皇后大道中上望德己立街，約一九五〇年。正中花檔的右方為馬會的馬票發售處。

自戰前開始，由賽馬會舉辦，每年開彩三次的大馬票，很受市民的歡迎，「中馬票頭獎」因而發達，是每個人的夢想和希望。港人的習慣，是將馬票的「票」讀成「鏢」字音的。

一九四五年三月，日軍的競馬會舉辦「總督盃賽」，並發售「春季大馬票」，每張售軍票十元，標榜頭獎可獲軍票十五萬六千元。同時又發售「小搖彩票」。兩個月後，因馬匹陸續死亡和飼料短缺，競馬會結束，賽馬活動亦告停止。

和平後的一九四六年中，賽馬是由臨時的「香港陸軍賽馬會」舉辦，亦出售每張二元的馬票，頭獎可獲二十五萬多元。

一九四〇年代

一九四七年一月，馬會恢復舉辦賽馬，並發售打比大馬票，頭獎派四十六萬多元。

俟後，舉辦「皮亞士盃」的春季大馬票、「打比賽」的夏季大馬票，以及「廣東讓賽」，一度改為「雙十節大賽」的秋季大馬票。每年舉辦三次。

淪陷時期一九四三年二月，香港競馬會所發售的馬票。

和平後一九四七年一月，香港賽馬會首次發售的馬票，馬會彩票部的司理為滙豐銀行總經理摩士爵士。

頭獎彩金由初期的四十多萬元，漸次增加至超過一百萬元，多次引致爭購，馬會曾於發售處，實行限制輪購。

當時的馬票發售處為德輔道中交易行（現置地廣場所在）、皇后行（現文華酒店所在）、德忌笠街（德己立街）五號，以及彌敦道三八二號。一九五〇年代後期，增加位於英皇道與炮台山道交界的發售處。各發售處不時出現長長的人龍。

一九四七年五月不少人在街上「升水」一至二毫，兜售馬票，常遭警察拘罰。之後改為在茶樓酒家閃縮沽賣。不過，後來亦有不少人用竹竿，挑着上懸多張用木夾夾着的馬票，一如羅傘，在車站及碼頭一帶勸銷。

不少找換店、找換檔亦兼營，皆懸有「頭獎在此」的大紅揮春作招徠。五、六十年代，亦時興「馬票頭獎」的揮春。後來，報章有不少途人，為高空墮物擊中，以致頭破血流，被形容為「中頭獎」的新聞。

八名漆匠中頭獎

一九四九年一月十八日，八名漆匠合購的馬票中了頭獎，可獲七十六萬元（當年普羅市民的月薪約為五十元）。但馬票只有一張，由一人保管，誰也不相信誰，弄到睡覺、吃飯及上廁所，大家都不願分開。後來請律師代管代領，問題才告解決。

中馬票搵鄧超

一九四七年起，報章已有「中了馬票，可搵鄧超」的分類小廣告。該位鄧超是一旅行社的經理人，鼓勵中了馬票的大小富翁，經他辦手續往「遊埠嘆世界」。

一九五〇年代

當年的馬票彩金，若頭獎為一百萬，二獎則為約二十四萬，三獎為十二萬，另有入圍獎約一百個，可獲派約一萬元。一九五〇年代中，一萬元可購六百多呎的港島唐樓一層。

一九五三年一月，一間位於高陞街二號之陳萬昌銀號，其多名店員於皇后大道西二號的大群酒家飲茶時，向兜售馬票者購買了二百張馬票，其中一張獲中頭獎，瓜分七十多萬彩金，皆大歡喜。大群酒家稍後變身為金華酒家。

我記得曾約於一九六六年往該銀號交收，獲得以「欖核炭」烹煮之潮州茶的招待，是我生平的第一次「嘆」潮州茶。

唔買就窮實、買就輸實

記得父親帶我「行街」時，每年總有兩三次，進入德忌笠街五號，狹窄的馬會店鋪，購買馬票一張，珍而藏之，雖然他口口聲聲說「唔買就窮實、買就輸實！」，但往往都滿懷希望。並用一毫購買一份報章的馬票開彩「號外」，以核對中獎號碼。於開彩後，則失望地將其拋棄。

馬會發售處的左鄰，為與威靈頓街交界的荔園燒臘店，父母不時往購買每隻售三毫的「鴨腳包」（用滷鴨腸綁紮附有肥肉及叉燒的鴨腳），購買三、四隻，可舉家大快朵頤，在我的想像中，這總較買馬票為實際。

一九五四年十月的廣東讓賽馬票，彩票部司理已轉變為有利銀行總司理班遜及牛奶公司董事會主席周錫年。

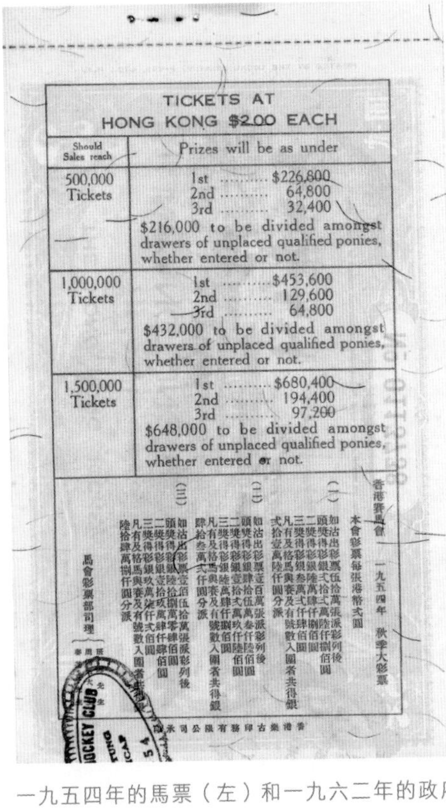

TICKETS AT HONG KONG $2.00 EACH

Should Sales reach	Prizes will be as under
500,000 Tickets	1st .... $226,800 2nd .... 64,800 3rd .... 32,400 $216,000 to be divided amongst drawers of unplaced qualified ponies, whether entered or not.
1,000,000 Tickets	1st .... $453,600 2nd .... 129,600 3rd .... 64,800 $432,000 to be divided amongst drawers of unplaced qualified ponies, whether entered or not.
1,500,000 Tickets	1st .... $680,400 2nd .... 194,400 3rd .... 97,200 $648,000 to be divided amongst drawers of unplaced qualified ponies, whether entered or not.

香港賽馬會 一九五四年 秋季大彩票

本會彩票每張港幣弍圓

（一）如沽出彩票伍拾萬張派彩列後
頭獎得彩銀弍拾弍萬陸仟捌佰圓
二獎得彩銀陸萬肆仟捌佰圓
三獎得彩銀叁萬弍仟肆佰圓
凡有及格馬與賽及有號數入圍者共得銀弍拾壹萬陸仟圓分派

（二）如沽出彩票壹百萬張派彩列後
頭獎得彩銀肆拾伍萬叁仟陸佰圓
二獎得彩銀壹拾弍萬玖仟陸佰圓
三獎得彩銀陸萬肆仟捌佰圓
凡有及格馬與賽及有號數入圍者共得銀肆拾叁萬弍仟圓分派

（三）如沽出彩票壹佰伍拾萬張派彩列後
頭獎得彩銀陸拾捌萬零肆佰圓
二獎得彩銀壹拾玖萬肆仟肆佰圓
三獎得彩銀玖萬柒仟弍佰圓
凡有及格馬與賽及有號數入圍者共得銀陸拾肆萬捌仟圓分派

馬會彩票部司理

香港樂古印務有限公司承印

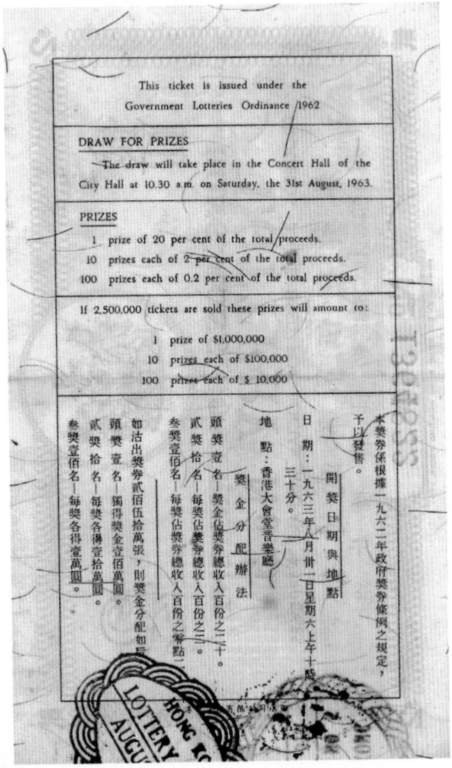

This ticket is issued under the Government Lotteries Ordinance 1962

DRAW FOR PRIZES

The draw will take place in the Concert Hall of the City Hall at 10.30 a.m. on Saturday, the 31st August, 1963.

PRIZES

1 prize of 20 per cent of the total proceeds.
10 prizes each of 2 per cent of the total proceeds.
100 prizes each of 0.2 per cent of the total proceeds.

If 2,500,000 tickets are sold these prizes will amount to:

1 prize of $1,000,000
10 prizes each of $100,000
100 prizes each of $ 10,000

本獎券係根據一九六二年政府獎券條例之規定，予以發售。

開獎日期與地點

日期：一九六三年八月卅一日星期六上午十時三十分。
地點：香港大會堂音樂廳

獎金分配辦法

頭獎壹名—獎金佔獎券總收入百份之二十。
貳獎拾名—每獎佔獎券總收入百份之二。
叁獎壹佰名—每獎佔獎券總收入百份之零點二。

如沽出獎券貳佰伍拾萬張，則獎金分配如后：
頭獎壹名—獨得獎金壹佰萬圓。
貳獎拾名—每獎各得壹拾萬圓。
叁獎壹佰名—每獎各得壹萬圓。

一九五四年的馬票（左）和一九六二年的政府獎券印於背後的開彩詳情及獎金分配之説明。

一九五四年一月三十一日（農曆年廿七），春季大馬票，因該場大賽由兩匹馬跑出平頭冠軍，故有兩個頭獎，各得四十萬。

大馬票彩金的分配辦法是先用攪珠方式，抽出約一百個「入圍」獎，再在「入圍」號碼中，抽出若干個號碼，配落大賽的馬匹中，獲勝的冠、亞、季軍，即為頭、二、三獎。

一九五八年五月七日，位於皇后大道中一百號，中環街市斜對面的高陞茶樓二樓一卡座，有一男性豪客，大量購買馬票。不論馬票女郎、男郎、小童或長者，來者不拒。無論數量多寡，一律購入，多多益善，迄至囊金花盡才找數落樓離去。此為當年一轟動花邊新聞。

正宗洗黑錢

由一九五〇年代起，社會流傳着有不少人，開出較派彩額高一、兩成的價格，收購頭、二、三獎馬票。這些收購者為「有勢力」的掌權人士，他們用「中馬票」，以求將「黑錢」（貪污款項）弄至「見得光」，變為「堂堂正正」，此為正正式式的「洗黑錢」。

一九六〇年代

一九六一年十一月，秋季馬票頭獎彩金為一百五十多萬，導致翌年有大量望發「橫財」的市民輪購，不少為整本整本（每本十張）作「大包圍」式購買。

當時，有不少婦女「創業」或兼職作馬票女郎，她們手持一疊馬票，在茶樓、酒家、戲院、碼頭前等公共場所推銷馬票，亦有作「沿門托砵」式，向各店鋪兜售。由一九六二年起，亦銷售政府彩票。一九六四年三月六日，春季馬票賣至「斷市」全部售罄。

推銷馬票者，亦有各社團，商會或工會的信差和交收員。一九六〇年代中，一名金銀首飾工

於一九六三年發售的第五期政府獎券。由一九六二年開始發售的社會福利獎券，一如馬票，供市民用二元購買一個「橫財夢」。

一九七七年的馬票。翌年，馬票便停止發行，要到一九九九年，馬會才發售一套多款的千禧慈善馬票。

會的朱姓交收員，兼職銷售馬票，他亦記錄了馬票號碼和銷售對象。有兩位金鋪老闆先後獲中頭獎，他亦各獲數千元的「打賞」，在九龍寨城內置業安居。

一九六〇年代，我曾代老闆及同事購買馬票，可是自己從無購買，因覺得用努力一分一毫地掙回來，然後儲起來作投資增值，才有意義。

一九七〇年代以後

一九七七年以後，政府不再開辦馬票，主要原因是「風頭」已被「六合彩」所掩蓋。不過，曾有一位退休警務人員告知，停辦馬票亦為杜絕「洗黑錢」方法之一。

不過，近年來，我曾用高價購買了不少包括馬會以及各商會社團所發行的馬票，以研究早期的社會面貌。

中環銀行區的璀璨夜景，約二〇〇五年。由左起依次可見：中銀大廈、滙豐及渣打銀行，以及香港金融管理局所在的國際金融中心二期。

附錄

我的收藏大事記

童年時的一九五〇年代後期，從父親的信件，獲得香港五分以及內地八分的郵票各一枚，珍而藏之，從此開始培養集郵的興趣。

踏入社會後，不時往郵局購買新發行的紀念郵票，又常往商務印書館購買中國的紀念和特種郵票，亦包括文革及改革開放時所發行者，當中包括升幅驚人的「金猴」票。

因工作關係，不時可兌換或購得一些中國錢幣、銀錠和香港鈔票。為了增進有關的知識，我常把握機遇，向各方面的郵票及錢幣專家請教。又藉此得以認識到若干位銀行界人士，憑藉他們的「穿針引線」，我又可以購得若干錯體及香港早期的幣鈔。

為了作深入的研究，不時往參觀郵票及錢幣展覽。在研究其歷史背景時，積極購藏一些有關早期社會的文獻及圖片，逐漸，亦對香港、廣州及上海等地的老照片及明信片產生興趣。

一九九〇年代初，我認識到一群被電視台稱為「發燒友」的明信片專家，獲得向他們討教的機會，以及購買藏品的途徑。同時，又結識到一些來自外國的明信片及圖片商人，旋即擴闊我的收藏範圍。

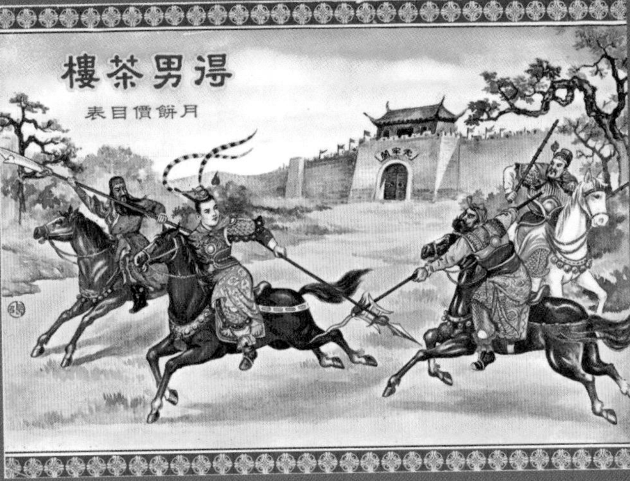

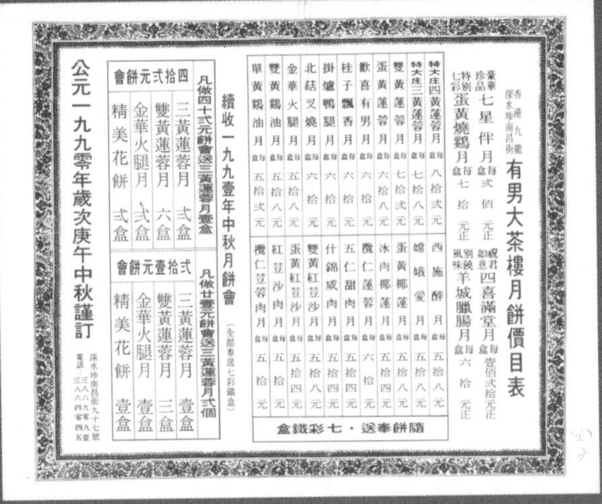

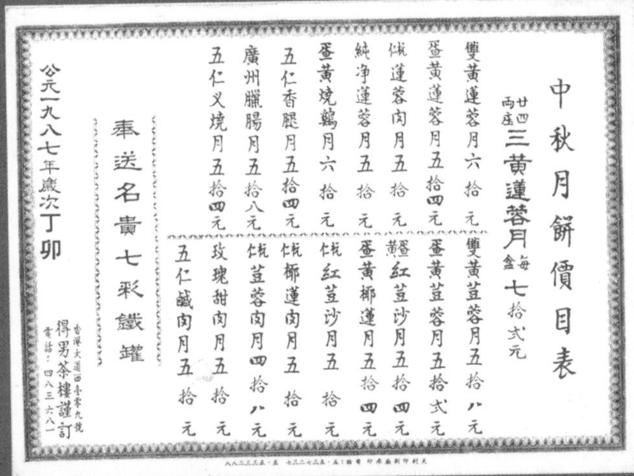

一九八〇年代皇后大道西得男及九龍南昌街有男茶樓的月餅價目表，由一九五〇年代起，印刷精美的月餅價目表，是小孩（包括在下）的心愛收藏品。

一九九三年，多得部分「發燒友」的推薦，得以在無綫電視的節目上，介紹不同時代的中國銀錠。

一九九六年起，承蒙三聯書店的賞臉，出版了若干本我用明信片、錢鈔及郵票編寫成有關上述題材，以及街道等內容的拙著，使我感到莫大的榮幸。

二〇〇一年，我購得數百份由和平後至一九七〇年代的報紙，當中包括「大報」和只出版一張紙的「小報」。同時，亦獲一位長者讓給我百多份一九二〇至三〇年代，由專家羅澧銘編印，有關石塘咀及油麻地風月區的「花報」——「華星」三日刊。

同時，亦獲一位攝影專家梁紹桔先生惠贈給我多幀他所拍攝香港早期景物的照片。稍後，亦得到好友何其銳先生，作相同的慷慨饋贈，感激及欣喜莫名。

梁先生「半賣半送」地轉讓予我一批淪陷時期的文獻和證件及單據等，部分為難得一見者。稍後，我又購得一批早期的舟車票據以及與交通相關的物品。

紅磡海底隧道的預繳費用票券，一九七〇年代中。當時私家車的渡海費用為五元。

港澳輪渡「泰山」輪的小童船票，一九七五年。當時的船費用剛由四元調升至六元。

一九七七年輔幣荒期間，中華汽車公司發行之二毫乘車代用券。

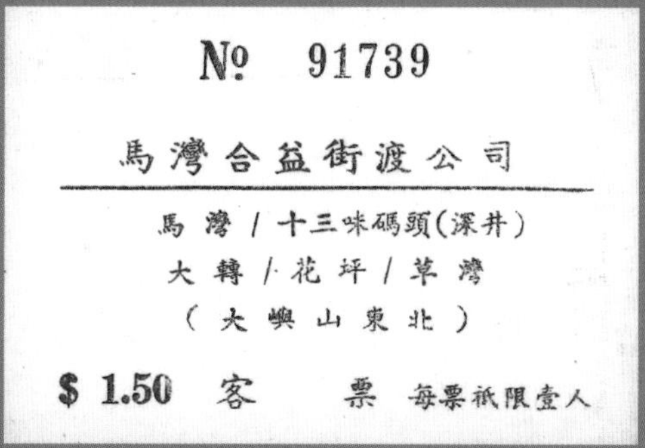

來往馬灣與深井十三咪碼頭之間的街渡船票，約一九八〇年。費用為一元五毫。

利用上述的報紙、文獻，以及照片及明信片等，我由二〇〇三年起，編寫了六本有關飲食、風月場所、電車、日治時期、九龍風光以及交通工具的著作，並獲得香港大學美術博物館出版。每一本書出版的同時，亦舉辦一相關的展覽。最重要的是香港大學圖書館贈予我一張圖書證，使我可以入內尋找所需之早期香港歷史資料。在尋找過程中，往往有「如入寶山」的感覺。每次離開時皆有滿意的收穫。

曾於二〇〇六年，在香港大學展出，淪陷時期的有關物品和文獻，現時亦蒙香港科技大學予以展出，亦感到十分榮幸。

回顧過去數十年的收藏生涯，享受到無限樂趣之餘，亦增進自己的知識。難能可貴的是可以結識到無數之良師益友，親聆他們的賜教，是最大的欣慰。

我的收藏小故事

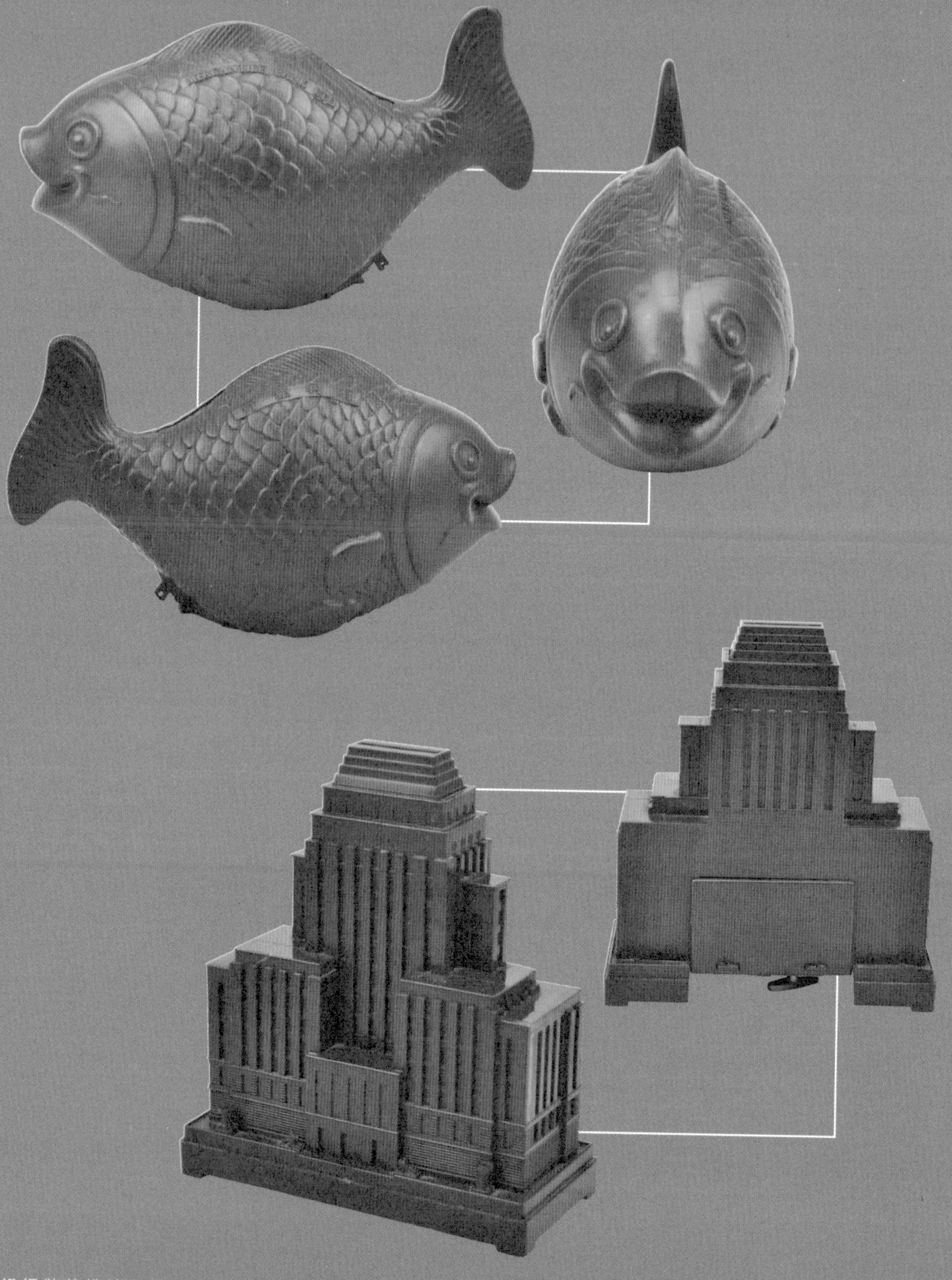

銀行儲蓄錢箱四個，包括：滙豐、有利、渣打及恒生。六十年代初，這等儲蓄箱普遍售價為每個一元，滙豐儲蓄箱附音樂盒者售價為四元。

收藏興趣的萌芽

一九五〇年代的消費，一毫可享用早餐，另一主要消費為寄聖誕咭予同學，咭費為一毫，而郵費則為五仙，一九五五年，看到女皇頭的一毫，以及五仙郵票，感到十分新鮮，而我的收藏興趣，便是由一枚五仙郵票，以及一枚內地八分郵票所引起的。

收藏的機緣

同年，已成為滙豐銀行附屬的有利銀行，發行一張面額一百元的鈔票。稍後，我在金融機構作為練習生時的薪金，亦為一百元。該機構設有找換部，因而，我亦有機會接觸到世界各地的鈔票和各種金屬硬幣。

珍藏至今的一元鈔票

一九六九年一月三十一日，政府公佈五仙、一毫紙輔幣以及一元紙幣，由九月一日起，停止在市面上流通，大量市民將所存的一元鈔票，存入銀行，我曾目睹當中有不少早期的罕品。一位相熟的銀行職員曾調換一張一九一三年滙豐的一元鈔票給我，我將其珍藏至今。

軍票改印之一元鈔票

一位楊錦培前輩述及，於英軍接管初期，他在該局任職，薪金全為由軍票改印之「臨時香港政府一元鈔票」，二十多年前，他將所存之此種鈔票三張，轉讓給我，令我喜出望外。

一九五〇年代中後期的香港五分（仙）及中國八分的郵票。

一八八九年的香港五仙銀幣及一九七八年的五仙銅幣。

軍票改印之一元鈔票。

和平後初期，港府將從未發行的一千圓軍票，改印為港幣一元。此曾經作短暫流通的臨時港鈔，一度用作支付予包括「香港電話局」之職員的薪金。

珍罕錢幣囤存內地

據一些老行尊的敘述，有一間位於皇后大道中八十三號的寶生銀號（後來轉為銀行，於二〇〇一年併入中國銀行（香港）），於一九五〇年代初，從內地運來一批一批的各種銀幣，在香港出售，不少銀號、錢幣商以至落爐舖前往搜購，從中挑出珍罕者後，隨即運往英國出售。

當時，有若干位包括洪濤飛及張璜先生（張先生後來為「香港錢幣研究會」會長）的資深錢幣收藏家，則前往各銀號採購珍稀的品種。

自一九四六年起，有數以億元計的港幣被囤存於內地，尤以華南一帶為最多。一九四九年大陸政權變易後，大量港幣回流，部分亦經寶生銀行運至本港，存入滙豐、渣打及有利的三間發鈔銀行。一位寶生銀行元老級的職員曾向我提及，當中有很多現時難得一見的早期罕品港鈔，但依行規不准掉換，眼見珍品白白流失，欲救無從，徒呼奈何。

龍銀

最受歡迎的是各種民國紀念幣、不同省份的龍銀，以及由一兩到五十兩，不同朝代，型狀及大小不同的銀錠，可謂琳瑯滿目。我

中國北方地區的十兩銀錠，有「同治年月，祥開日華」的戳印。

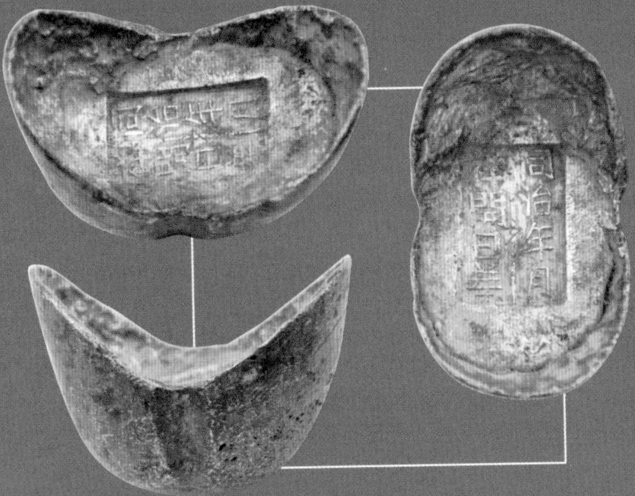

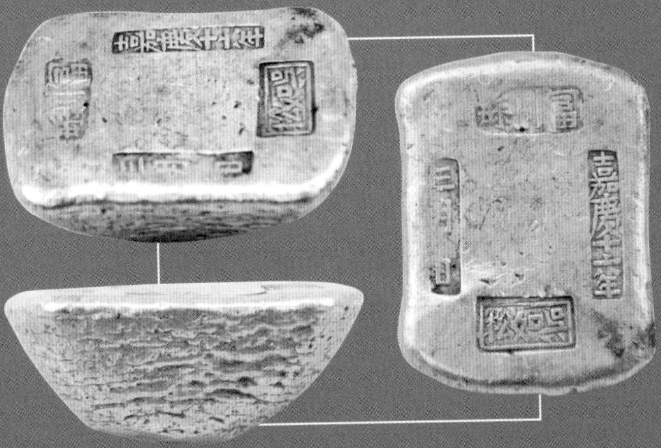

一度於開埠初中期在香港行用的中國銀錠，廣西省富川縣於嘉慶十六年所鑄造的砝碼型錠，重十兩。

遠東銀行鑄造的銅錢形銅章

亦趁此良機，購置若干枚銀幣和銀錠，用作研究和觀賞，誠為樂事。這時，我則獲選為香港錢幣研究會的義務秘書，當時的機遇和環境，使我增加了不少學習的機會。

閉門揀斗零

至於鐫有一九六四年的斗零（五仙），因鑄量極少，到了一九七〇年代中，已被「炒」高至十多元一枚，我亦購了數枚。當時，一位滙豐銀行職員告訴我，有若干位分行經理，於工作時間，在經理室「閉門揀斗零」，以賺外快。

此外，滙豐於七十年代後期，有一「數毫子部門」，設於金門大廈（現「美國銀行中心」）地下，負責點收由各交通工具公司（如中巴、九巴、油蔴地小輪及天星小輪等）存入該銀行的輔幣。由自動輔幣機點算，並篩出不合規格者，當中有不少於收藏界中被視為罕品的「用錯料」、「缺料」、「薄料」、「漏齒」、「重覆壓印」及「漏壓光片」等錯體硬幣，由五仙到五元皆有。我亦曾向部分該行的職員，以及拍賣場上，購到若干枚此種錯體幣，亦曾在日常找贖中覓得六、七枚，自覺十分幸運。

一九七九年，政府仍鑄造五仙輔幣供流通，我曾用十元在銀行換了二百枚「金光閃閃」的五仙，翌年便停止鑄造。

一八九〇年代，廣東省發行重量三分六釐的銀幣（簡稱為「三六」）。而果菜欄的數字暗語三字稱為斗，六字稱為零，故此，「三六」亦被稱為「斗零」。香港發行的五仙銀幣重量亦為三分六釐，因此，五仙亦被稱為「斗零」直到現在。

直至一九三五年仍在香港當作一元行用的英國貿易銀元，一九三〇年。當時的中外銀幣，重量多為七錢二分，所以五仙的重量為三分六釐。

甄沾記椰子糖的包裝紙袋，約一九四八年。一九五〇年代，其每粒售五仙的椰子糖，很受歡迎。

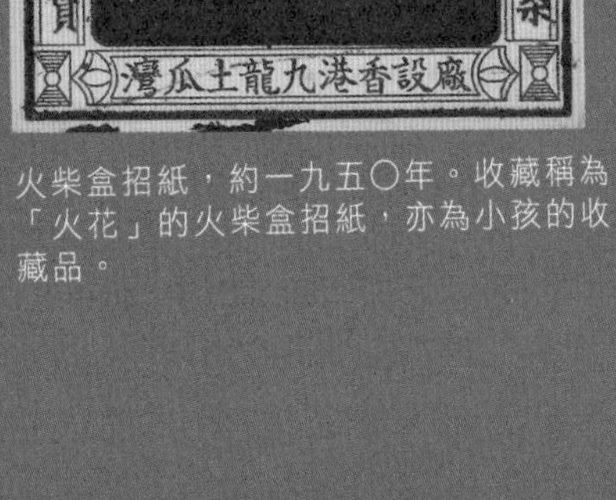

火柴盒招紙，約一九五〇年。收藏稱為「火花」的火柴盒招紙，亦為小孩的收藏品。

香港第一枚紀念金幣

一九七五年五月，為慶祝英女皇訪港，香港發行一枚面額為一千元的紀念金幣，此為香港歷來最高面額的貨幣，亦為第一枚金幣，又是第一次發行的紀念幣。

普通裝金幣照面額一千元發售，數量只有一萬枚，另有精鑄幣五千枚，發售價為一千五百元。由於每枚金幣的含金量已達四百港元，大量市民往滙豐銀行索取申請表格認購，我亦有申請，幸運地獲抽中，可以購買一枚普通裝者。

滙豐附屬之有利銀行發鈔

滙豐附屬之「有利銀行」的鈔票，十分難見，我曾換得一張一九四一年的五元，珍藏至今。由一九六四年起，該行只發行一百元面額者，一直發行到一九七四年，之後便停止。我亦於當年換了兩張，用作歷史記錄。

一九七二年，紀念紅磡海底隧道通車的銀章。

一九七九年，麗的電視為宣傳《天龍訣》劇集推出的鍍金銅章。

一九七九年，麗的電視（ATV 亞洲電視的前身，製作紀念地下鐵路首日通車的鍍金銅章）。

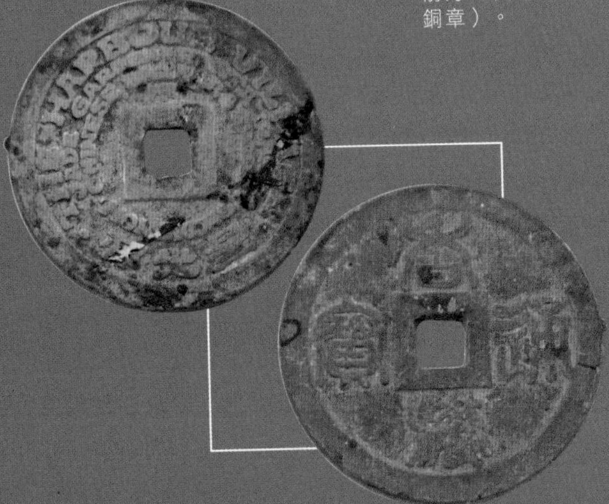

一九六九年，位於星光行樓上「星光邨」及「翠園酒家」所製作，中國銅錢型的「香港通寶」紀念章。

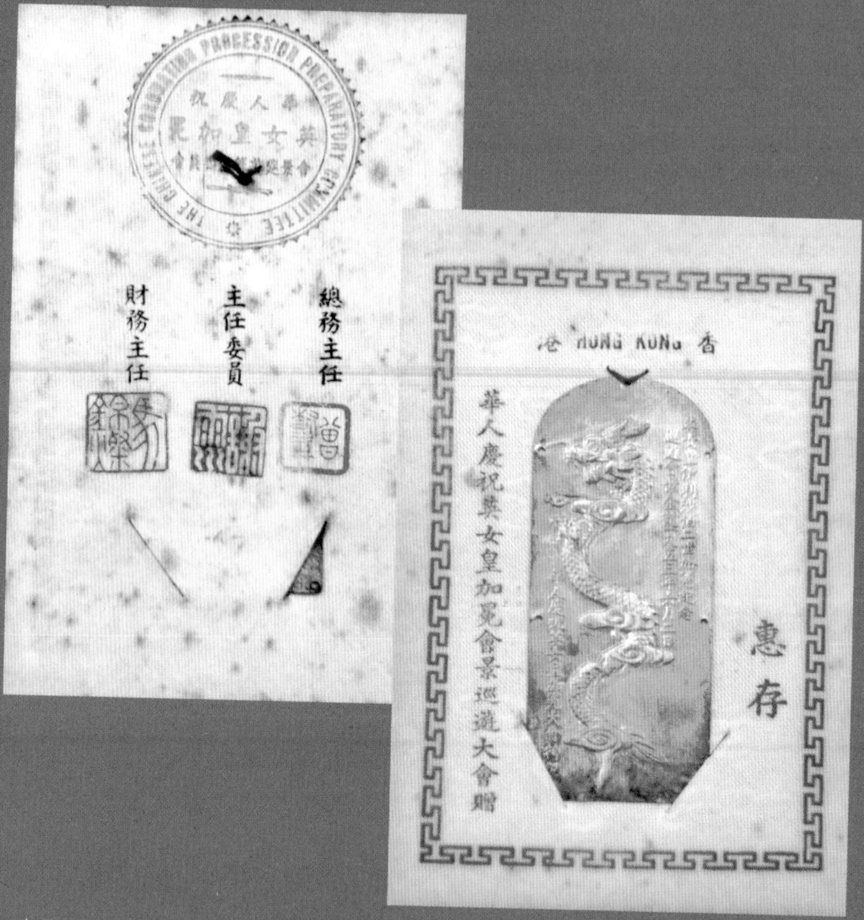

一九五三年六月，「華人慶祝英女皇加冕會景巡遊大會」，圖為在巡遊金龍摘下之鱗片。每捐港幣五元可獲贈一片。此活動的財務主任為大生銀行的馬錦燦。

超群餅店的禮餅券，約一九八〇年。當年可換西餅一打的禮餅券約售十元。一、兩年後，餅店被傳財政不穩，引致擠提西餅潮，與同時的銀行擠提風潮，「互相輝映」！

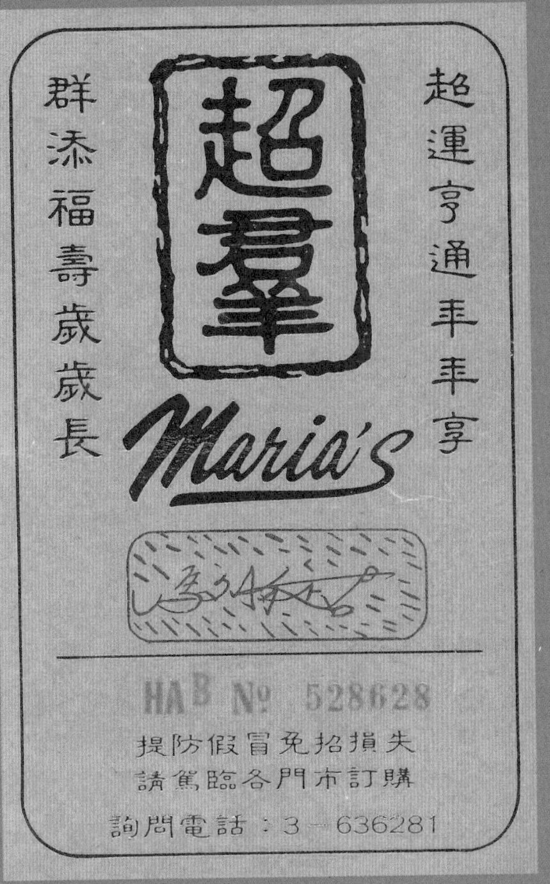

一九七四年，永安銀行為紀念成立四十周年而製作的紀念銅章。

在銀行區的老朋友

一九七〇年代，我有機會認識若干位滙豐銀行的分行經理，包括先前提及於一九六〇年入職的曾先生。我亦曾造訪一位任職於紅磡車站分行的楊先生，他請我入經理室，展示他珍藏的港鈔供我欣賞。

我亦會每月一次，與曾先生及其部分同僚，在窩打老道「紅寶石餐廳」聚會，享用「牛柳餐」並交換錢幣行情和知識。經曾先生的介紹，我不時可以購獲或交換到有趣的錯體鈔票和硬幣，以及「幸運號碼」鈔票。

又認識一位於總行任保安的李先生，他穿畢挺西裝，結上領帶。一次，他拉開外套，向我展示所懸的槍套和左輪手槍。印象中，他很像在粵語片中扮演探長角色的演員曹達華，所以一眾職員亦稱他為曹達華。

識破假嘢

由於我收藏郵票，喜歡就郵票的地名、圖案設計以及風土人情作詳細的觀察，對於各國鈔票，亦有「觸類旁通」的研究熱情。

最經典的一次，我發現一批公司職員正在點算，即將購入的美鈔，作為「企在兩邊」的小輩，我衝口而出，高呼「假嘢」，令致該名賣家的南亞籍人士，立即搶回該批鈔票，飛奔而逃。事後，我亦被任命兼理找換業務。因此，我可以接觸大量外國鈔票，亦可於業務往來上接觸多間大小銀號和找換店。

一七八四年：
荷蘭馬劍銀幣

一八〇六年：
西班牙墨西哥
「雙$$柱」銀幣

一八九四年：
墨西哥鷹洋銀幣

一九〇四年：
中國龍銀

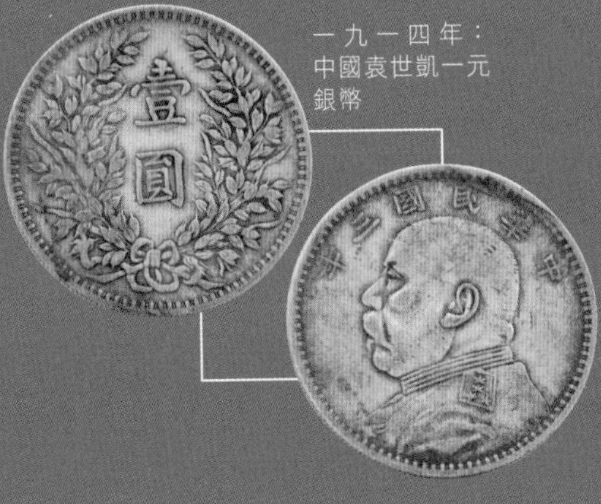

一九一四年：
中國袁世凱一元
銀幣

一九三四年：
中國孫中山頭
像一元銀幣

參考資料

《香港政府憲報》

《華僑日報》

《星島日報》

華僑日報 編印《香港年鑑》（一九四七至一九九三）

鳴謝

胡楊銘榴女士
王淑珍女士
何其銳先生
吳貴龍先生
梁紹桔先生
陳創楚先生
香港大學圖書館

責任編輯　胡卿旋
裝幀設計　胡可蓉
責任校對　江蓉甬
排　　版　陳先英
圖片處理　胡可蓉
印　　務　馮政光

書　　名　錢路漫漫——香港近代財經市場見聞錄
作　　者　鄭寶鴻
出　　版　香港中和出版有限公司
　　　　　Hong Kong Open Page Publishing Co., Ltd.
　　　　　香港北角英皇道四九九號北角工業大廈十八樓
　　　　　http://www.hkopenpage.com
　　　　　http://www.facebook.com/hkopenpage
　　　　　http://weibo.com/hkopenpage
香港發行　香港聯合書刊物流有限公司
　　　　　香港新界大埔汀麗路三十六號三字樓
印　　刷　中華商務彩色印刷有限公司
　　　　　香港新界大埔汀麗路三十六號中華商務印刷大廈
版　　次　二〇一九年六月香港第一版第一次印刷
規　　格　十六開（180mm X 230mm）二五六面
國際書號　ISBN 978-988-8570-01-0